位于耶路撒冷的大卫城

位于橄榄山上的客西马尼园教堂

耶稣升天小教堂

澳大利亚堪培拉的总督府

徜徉伊甸园——新西兰

鸟瞰悉尼海湾

乘船游悉尼

回归伊甸园

—Back to The Garden of Eden—

呼 唤 心 灵 回 归　　　感 悟 生 命 智 慧

兰 溪·著

大连出版社
DALIAN PUBLISHING HOUSE

图书在版编目(CIP)数据

回归伊甸园/兰溪著. —大连:大连出版社,2013.12
ISBN 978-7-5505-0419-6

Ⅰ.①回… Ⅱ.①兰… Ⅲ.①散文集—中国—当代 Ⅳ.①I267

中国版本图书馆CIP数据核字(2012)第313940号

出 版 人:刘明辉
策划编辑:卢 锋
责任编辑:刘丽君
封面设计:大连天一企划
版式设计:卢 锋
责任校对:金 琦
责任印制:史凌玲

出版发行者:大连出版社
地址:大连市西岗区长白街10号
邮编:116011
电话:(0411)83620401/83621075
传真:(0411)83610391
网址:http://www.dlmpm.com
电子邮箱:lf@dlmpm.com
印 刷 者:大连美跃彩色印刷有限公司
经 销 者:各地新华书店

幅面尺寸:170mm×230mm
插 页:1
印 张:15.75
字 数:270千字
出版时间:2013年12月第1版
印刷时间:2013年12月第1次印刷
书 号:ISBN 978-7-5505-0419-6
定 价:29.00元

目录

第一辑　沙仑玫瑰

第二辑　谷中百合

第三辑　忘川忆溪

附　录

映水兰花雨发香　应寻此路去潇湘

——兰溪散文集《回归伊甸园》序

陈建功

“兰溪”这个名字，或许就得之于杜牧那首著名的七绝。诗曰：“兰溪春尽碧泱泱，映水兰花雨发香。楚国大夫憔悴日，应寻此路去潇湘。”诗境凄清、苍凉，却又美丽而高洁。如今，兰溪又以“回归伊甸园”命名她的散文集，展现她对人类精神家园诗意地叩问。这不能不让人想起身心俱疲的屈原，沿泱泱的碧水，循幽幽的兰香，奔走潇湘、上下求索的悲壮。

我和兰溪相识于几年前。记得我是去西安，为全国“第三届冰心散文奖”颁奖，她和几位获奖作家一道冒雨到住地看望，大家相谈甚欢。那时还没有读到她更多的作品，不过，仅此一面，我们便成了忘年之交。

当然，要全面了解一个作家，还是要读她的作品。自认识以后，兰溪把她的作品一篇篇发来，一本本寄来，给了我很多惊喜，也带来了不少感动。读她的作品，常常令我想起《孔子家语》所转述的名句——“芝兰生于深林，不以无人而不芳；君子修道立德，不为穷困而改节。”在熙熙攘攘、世风不古的今天，在天下被当成“秀”场、“出位”被奉作时尚的当下，这位作家在谈及世风和文场时，却表现出异乎寻常的沉稳和淡定。她说自己并不在意出名与否，她只关心如何用好的文字寄托自己的情思与感悟；她也不在意旁人的议论，不关心得失的权衡，她只关心一个人应该如何保持心灵的美好与纯净。看得出，她执着地追求着精神的修为，坚守着理想的境界。她在喧嚣中沉着地涉猎，孜孜地拓展，沉浸于思想的芳香和艺术的境界之中。对这样的人，我们怎能不另眼相看？

不过，如果据此便以为兰溪是一株"空谷幽兰"，是一个离群索居、孤高自傲的文人，那就大错特错了。据她的朋友们介绍，作为财经大学毕业的高材生，兰溪在政府部门工作多年，可以说曾经是一位谙熟经济工作的政府官员。她撰写的调研报告和论文就达上百万字，多次在中央以及省、市各级刊物上发表，获得过各种大奖。作为一个业余作家，她对文学的执着也是令人惊叹的。在短短的几年内，她先后出版了散文集《枫林叶雨》、《生命的芳香》、《心灵的圣殿》等。如果加上有关经济方面的著作，共达六部之多。每年一部书，对一个上班族来说，已经堪称高产了吧。

兰溪痴迷于创作，也以旺盛的斗志，担当起多样的社会责任。离开公务员岗位后，她又成为了一家重要企业的中层管理者。她管理团队，参与谈判，遭遇过竞争的风浪，也领略过胜利的欣喜。她还是几家院校的客座教授，利用业余时间，为几乎可称为"同辈"的学子传道授业。她又满怀爱心投入公益事业——从她的作品中我们可以读到，她挤出休息的时间，去探访孤寡老人，关注特殊儿童。我听说，兰溪还是一个优秀的舞者。她幼习芭蕾，至今不懈。难怪看到她举手投足之间，透出高贵优雅的风度……这位散文家不仅有丰富的人生历练，而且有高雅的艺术修养。这就是我们从她的作品中之所以能够读出沧桑、读出思想、读出学问、读出震撼和共鸣的原因，这也是我们足以对她的创作前景抱以美好期待的理由。

兰溪的修身之道，其主见与追求，称之为"孤芳自赏"或不为过。然其作品的风格，却以丰富的社会阅历、丰厚的知识积累和丰沛的情感体验为依托，壮美、雄浑，语言像散文诗一般简洁、优美而铿锵，意象却如汉赋一样铺排。她关注着世事沧桑且激情漫溢，胸臆自然而本真地抒泻，大气磅礴，无坚不摧。你的心即使静若秋水，也不能不随她澎湃如潮。

"风格即人"，又一次得到了验证。

就从《回归伊甸园》这部散文集来看，兰溪以浓郁、凝重、抒情的笔调，记录了自己在以色列等国旅行的独到感悟。其中《金色的耶路撒冷》、《凝望橄榄山》、《玫瑰色的晨星》和《在炼狱中穿行》等篇章，揭示了犹太民族大悲大喜的心路历程，展示了他们百折不挠的民族精神，寄寓了作家深情饱满的忧患意识和博爱众生的悲悯情怀。"地中海惊讶了蓝色的眼睛，基督信仰开启了文明的高台。锡安山默默承载。不同肤色、不同信仰的人涌向这里，有探求也有膜拜。耶路撒冷，锡安山，信仰的波澜在这里兴起，又向四野荡漾，润泽着大地和万物。锡安山，静默在群山环抱中，悄悄流泪，我仿佛听到她无声的呜咽，泪流满面……天主教堂的钟声，唤醒了远古的梦，在幽暗的时间隧道深处，聆听那遥远的回响。金色的圣殿散射出质朴、凝重、深邃、多彩的辉光。漫步在耶路撒冷，漫步在锡安山，漫步在历史的长河岸边，顿生思古幽肠……”（《朝见锡安山》）这一气呵成的文字如排山倒海，把作家的情感汪洋恣肆地展开，了无闺阁之气，却有大江东去般的壮阔。

作为一个动荡不安、是非不断之地，中东使很多人望而生畏。记得和兰溪相识时正值加沙地区冲突之际，兰溪告诉我她去了中东，我第一句话便道：“你胆子够大的了。”回想起来，她的闯荡本身已经透露出了这位裙钗之辈与众不同的个性。现在，摆在面前的这本书就是她闯荡的成果。

当然，兰溪的步履，不仅只限于中东。

在“谷中百合”一辑中，作者通过《徜徉伊甸园》、《漫步情人港》、《复活的桉树》、《澳洲天鹅湖》以及《原野牧歌》等作品，深情地描绘了澳洲那片伊甸园般的净土带给人的宁静、抚慰与陶冶。

在“忘川忆溪”一辑中，作者对尊重生命、敬畏自然、坚持信仰理想以及人类的终极关怀，有着独到的见解与深邃的思考，呼吁人们摈弃污秽，追求圣洁，远离喧嚣，归回宁静。

读她的作品，胸襟、胆气，出我意外，又在我意中。唯望她在浮躁、纷争、混乱、灾害困扰人类的今天，静守心中的执着与悲悯，用更多更好的文字，掩埋喧嚣，讴歌真诚，弘扬博爱的精神，唤醒沉睡的心灵。

是为序。

2012 年 3 月

（陈建功，著名小说家，散文家。全国政协委员，中国作家协会副主席，中国现代文学馆馆长。）

诗之心　爱之魂

——兰溪散文集《回归伊甸园》序

李燕杰

“风采千秋明月,文章万里春光。”

这是我读了兰溪散文集《回归伊甸园》首先想到的两句诗。

兰溪,人美,美而秀,可谓秀外慧中。

兰溪,文美,美而慧,可谓文采栩栩。

进而,我从“兰”字入手说几句话。

兰者,竹有节而无花,梅有花而无叶,松有叶而无香。而兰花,一有节,二有花,三有叶,四有香。兰花兼之,四者兼也。

我读兰溪的散文,感到文中有诗,诗中有美,美中有情,情中有爱,爱中有义,可谓至真、至善、至美兼而有之。因此,兰溪荣获“第三届冰心散文奖”,与她执着追求真善美、弘扬博爱精神不无关系。

记得前些年,我请冰心老师审阅我的诗歌散文时,她说:“你的诗有感情,有哲理,有新意,有趣味,特别是你的演讲中有诗、有美、有爱。”并为我的诗集题写:“诗之心,国之魂,诗如其人。”

这几句话用在我身上确是溢美之词,今天我将这几句话用在兰溪身上,并与她共勉,更妥当,更有意义。我想冰心老师在天之灵,看到兰溪诗一般的散文,仁爱之灵魂,也会赞同我的意见。

《回归伊甸园》就是这样一部美好的散文集,文中有诗,诗中有美,美中有情,情中有爱,爱中有义。她的作品使我联想到我幼年所受的熏陶。

祖母，作为一个接受传统教育的老人，她要我“博识——广博而有胆识”。

父亲，是一位国学研究学者，他教育我要“博学”。

家母，是一位虔诚的基督徒，她给我的启发是“博爱”。

兰溪书中几乎涉及上述“三博”，即博识、博学与博爱。若是每个人读了她的书能做到“智慧而淡定，仁爱而持重，勇敢而从容，博识而谦恭”，必将在美与爱的熏陶中，得到美与爱的享受，同时又赢得智慧。

是为序。

2012 年 5 月

（李燕杰，我国著名演讲大师，全国政协委员，首都师范大学教授。）

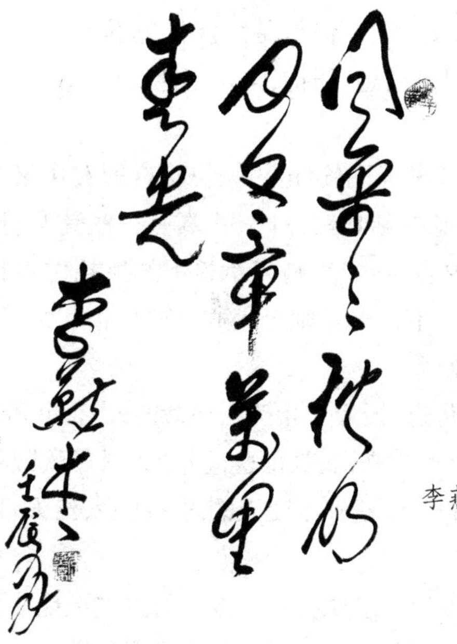

李燕杰为本书作者题字：

风采千秋明月

文章万里春光

馨香幽兰　生命活溪

——兰溪散文集《回归伊甸园》序

吴　兵

欣闻兰溪姐妹的又一部散文集《回归伊甸园》即将出版，内心不禁为她感到高兴。兰溪是一位虔诚的有坚定信仰的经济学者，同时又是一位知名的作家。据我所知，她曾经获得过多项经济奖和文学奖。但是在教会中，这位姐妹向来以谦卑柔和的样子出现，不显山不露水，默默地听道、服侍，常常用她发自内心的真诚又纯洁的微笑鼓励着她遇到的每一个人。

我从来没有给别人的作品写过序言，更遑论为一位这样的女作家写序了。因此当兰溪有一天很谦卑地请我为她的新作写序时，我真有一些受宠若惊的感觉。不过，当我了解了这本散文集的内容时，又很高兴承接下她所托付给我的这个任务。因为我知道：她的这本散文集，不仅仅是她个人心灵的感悟和情感的抒发，更是承载着一份来自永恒的责任和使命。

我不是作家，但作为一名以“传道、授业、解惑”为使命的人，我也知道古人所说的“文以载道，歌以咏志”。可是这些年来，我觉得这世界“文”与“歌”越来越多，但却很少有能够真正进入人心的好作品。能够改变人的内在生命，给人带来积极、正面影响的东西越来越少了。

谈到“道”和“志”，也许有人以为一定要以宏大叙事的方式出现才算成功。总以为非要正襟危坐在庙堂之上，摆出一副道貌岸然、诲人不倦的样子对人喋喋不休才是正途。这就难怪许多灵秀而有才气的作家逃避宣道和咏志的责任，而转回个人的内心世界，轻语呢喃，自我宣泄。

但兰溪知道该怎样处理这两者的关系。在她的散文中，处处充满她自己生命真挚情感的流露，以及个人经历的美好见证，更有对真理之道的不懈探求与深邃思考。

兰溪的作品以弘扬真善美、呼唤心灵回归、净化心灵、提升精神境界为己任，以人类生存和理想、关爱生命与家园为内容，表现出一个有良知的作家勇于担当的责任和义务。她的作品如空谷幽兰，静静开放，清香高雅；像清纯执着的小溪，远离喧嚣与浮躁，却深藏着仁爱、圣洁和悲悯的情怀。读她的作品，你会被她精神上的无尘、心灵的丰富与美好，良好深厚的文学素养、云淡风轻的心境深深感染，心灵得到净化与洗涤，精神得到提升与慰藉。

读她的散文，我们会随着她在圣地、在伊甸园一次次的“小园香径独徘徊”，听她娓娓道来岁月深处的温柔。同时与她共同仰望蓝天，“凝望橄榄山”上那“玫瑰色的晨星”，照亮黑暗的心灵。短小的篇幅承载着广大的生命，囊括着人生真谛、信仰真谛，以及活出更高境界的寻求与答案。

在《敬畏自然》、《呼唤童心》、《放飞心灵》和《永远的亨德尔》等篇章中，兰溪以“我从哪里来，要到哪里去？家园在哪里？心灵的归宿在哪里？”作为开篇，对生命的归宿、灵魂的自由进行了诗意的叩问与诠释。“万物和谐相处，回到文明的起点，回归伊甸园，才能感受生命的尊严与顽强，人性的美好与高贵。”

在《丰厚的生命》和《预备好心灵的土地》等篇章里，兰溪对扩张生命的境界，如何得到丰盛的生命等问题，作了精彩的书写。“大音希声，独与天地精神而往来，心中方有大气量、大格局，感悟生命之大道。”

在《河伯与大海》、《彩虹之约》和《睁开心灵的眼睛》等篇章中，兰溪生动地阐明了人类应该谦卑、摈弃骄傲的道理。

在《永恒的爱》、《儿童乐园“老地方”》和《爱在海边》等篇章中，兰溪为大爱、仁慈而讴歌，彰显着作者充满挚爱、充满悲悯的情怀，这在物欲横流、人心浮躁的今天是十分可贵的品格。

“问渠那得清如许？为有源头活水来。”她不仅在自我生活和成长中学习与人分享生命的经验，同时也领受了来自大自然的召唤与使命，智慧与启迪。那是生命的活水泉源，纯净而涌流不息，为干渴疲惫的心灵送去清凉的慰藉，如同春雨降下，滋润干涸的大地。

作为她心灵上的朋友，我为能够有这样一位对生命有深刻体认并善于用美好的文字表达出来的姐妹而感恩。我也期待兰溪姐妹能够继续在心灵的圣殿中用她的笔，写出一篇篇散发着馨香的幽兰之气、流淌着涓涓的生命之泉的好文章，去唤醒更多迷茫空虚的心灵，体会生命之爱的神圣与美好。

是为序。

2012 年 8 月

（吴兵，南京金陵协和神学院硕士毕业并曾留校执教，大连市基督教教会负责人、牧师。）

第一辑

沙仑玫瑰

你是不屈的灵魂挣扎出的一个梦，是不息的渴望燃起的一团火。在烈日中娇艳，在污泥中灿烂，在沙尘暴中歌唱，同狂风试比着力量。顽强生长，尽情绽放，永远美丽而芬芳，你是沙仑的玫瑰……

耶路撒冷,一个弹丸之地,为什么会成为世界三大宗教的发祥地?

巴勒斯坦地区为什么冲突不断?

犹太人与阿拉伯人到底是什么关系?

带着多年的疑问,我踏上了那片神奇的土地。15 天的圣地行走,是一次心灵的洗礼,浪漫的旅途神秘多彩,使我惊奇不已,对许多原来困惑的问题云开月朗、恍然大悟。

现在请读者与我一起走进以色列,开始一次探寻之旅。

金色的耶路撒冷

“世界若有十分美，九分在耶路撒冷。”

耶路撒冷之美不是鲜艳夺目、绿草鲜花，不是高楼林立、灯红酒绿，它的美是满眼的金色。金色的阳光，金色的圣殿，金色的城墙，金色的山峦，金色的土壤。

这里的土地是金黄色。沙漠化的土地，光秃的山峦，堆积如山的石头，全是一种金黄色。阳光一照，金光闪耀。建筑清一色使用浅黄色的天然石材，简洁、古朴、自然，仿佛从金黄色的土地上生长出来，与大地浑然一体，在温暖阳光照射下，散发出迷人的金色。黄昏时分，耶路撒冷更加辉煌，明亮而圣洁，仿佛田野中的新娘，披上了朦胧的金纱。

这里的阳光是金色的。阳光似乎对地中海格外青睐，加上没有污染，大气透明度高，晴天多，阴天少，总是阳光普照。我们在耶路撒冷停留了半个多月，只有一天清晨落了一些毛毛细雨，其余每天都是晴空万里，阳光灿烂。天空湛蓝，云朵漂白，空气清新，清风柔和。金色的阳光把这座石头城镀上了一层金辉，我们的心情也被照耀得灿烂无比。

每天，迎着金色的曙光起床，哼着小曲洗漱、就餐。全部绿色的食品，让吃不惯西餐的我们，食欲大增，似乎怎么吃也没够。然后，乘上去拉杰饭店会议中心的大巴，歌声伴着金色的阳光洒满了车厢，洒满了大街小巷。天地亮堂堂，心情格外爽。

这里的圣殿是金色的。位于耶路撒冷老城的圣殿是用纯金建造的，金色的圆顶在金色阳光照耀下,更加金碧辉煌、金光耀眼。

围绕圣殿的城墙是金色的。城墙不是镀的金子,是用当地遍地的石头建的,那些石头是金黄色的。在金色阳光的照耀下,普通的城墙变成了金色的城墙。尤其到了傍晚,城墙下金色的灯光反射在城墙上,金色的夕阳照耀着城墙,古城墙变成了“金城墙”,夕阳下泛着金光。夜幕里,山上的圣城像一顶华冠,点点灯火像宝石镶嵌其上。

这里的教堂也是用金黄色的石头建造,规模不大,素朴厚重,像文静淡雅的乡野村姑,朴实无华。古朴中透出内在的光辉,庄重中彰显坚定与沉稳。不像欧洲一些国家的教堂那样高大华丽,金碧辉煌。太奢华、太绚丽,容易使人目眩,容易使人陶醉于表面的华丽。这里的教堂不像珠光宝气的贵族妇人,令人眼花缭乱。

我更喜欢以色列的教堂,金黄色的石头使它显得沉稳而素朴。这里的教堂都不大,小巧玲珑。金色的石头打造了金色的教堂,就像犹太人的内涵一样,追求卓越,思维超群,智慧过人。不张扬、不虚荣,朴素的打扮掩饰不住美丽、智慧和修养。

站在橄榄山上,眺望金顶、金墙、金石、金土,我情不自禁想起徐志摩的诗:“那河畔的金柳,是夕阳中的新娘;波光里的艳影,在我的心头荡漾……”望着这金色的美景,便会有一种恍惚的感觉:一面感慨难得的美景,一面感伤这美丽而忧郁的城市,何以有这么多苦难与纷争?

耶路撒冷,是一座圣经博物馆,《圣经》上记载的所有事件、人物,在这里都能找到出处。它是连接亚、非、欧三大洲的交通枢纽,是精神价值传播辐射的聚焦点。

哦,金色的耶路撒冷,黄金之城。耶路撒冷,你是一种精神的象征,闪耀着独特的多元文化的光辉,更对人类的文明产生过巨大的影响。

耶路撒冷,取自希伯来语,是“和平之城”之意。它本应是充满和平、荣耀之地。圣殿在阳光下,光芒万丈,照亮了朝圣者的心灵。然而,在金色的光环下面,掩埋着多少尸体,多少腥风血雨的日子?历史上许多惊心动魄、刀光剑影的事件就发生在这里。

当我走近它身旁,踏上这片古意盎然、洒满金色光辉之地,脚步变得异常沉重,心中不免微微发颤。

由金子镶嵌的圣殿，在阳光下依然金光闪耀。当年所罗门王建的圣殿已不复存在，伊斯兰教徒在原来的地基上又建起了新的圣殿，也就是我们今天看到的大金蛋。一批批不同信仰的教徒纷至沓来，拥挤不堪。

金色代表一种荣耀、辉煌。最美的是金子般的心，在每一个黑暗的角落和灵魂一同接受大爱的阳光普照，让这个世界真正成为充满爱的世界。

耶路撒冷，充满光芒：我愿变成百灵鸟，为你歌唱；我愿变成小提琴，为你奏响。

耶路撒冷，金色的耶路撒冷，何时才能享有真正的平安，没有信仰的冲突，充满和平、爱的荣耀，让万国万邦金光照耀？

如今来自世界各地的志愿者在橄榄山上，冒着危险，远离亲人故乡，为你祈祷，为世界和平祈祷。金子般的心灵，感地动天。

人类生活的目的是诗意歇居，终极目标是共建一个美好家园，将和平的福音传遍世界每个角落，快乐幸福地享受自然赐给人的一切。战争、仇恨，毁坏的不仅是上帝创造的美丽大自然、人类美好的家园，而且毁掉了人的道德、良知。它们让人们在罪恶的账簿上为自己又记了一本账，向死亡和被审判的深渊又迈了一步。

全球一体化的今天，地球村的概念正唤起全世界人们的良知。作为地球上的人类，理应彼此相爱，共爱一个家园。我呼吁，我盼望，世界有良知的人们共同祈祷：和睦相处，携起手来，共唱一首和平的赞歌！

耶路撒冷愿你平安！耶路撒冷，你就是平安之城！今天为你放声歌唱，赞美你的荣光。我怎能忘，耶路撒冷——金光，金光万丈，夕阳下泛着金光。哦，金色的耶路撒冷，苦路上朝圣者的脚步是何等沉重，空坟墓前人们震撼、敬仰，哭墙下的泪水至今未干过，摇曳的烛光下有受难者家眷的脸庞，金色的石头也在默默倾诉着千年沧桑，约旦河见证昨日的战乱、今日的动荡、明日的辉煌。空气中有古老的历史在回荡。哦，耶路撒冷，愿你平安！

（此文荣获“金阳杯”全国精短文学大赛一等奖）

朝见锡安山

地中海惊讶了蓝色的眼睛，基督信仰开启了文明的高台。

锡安山默默承载。不同肤色、不同信仰的人涌向这里，有探求也有膜拜。

耶路撒冷，锡安山，信仰的波澜在这里兴起，又向四野荡漾，润泽着大地和万物。锡安山，静默在群山环抱中，悄悄流泪，我仿佛听到她无声的呜咽，泪流满面……天主教堂的钟声，唤醒了远古的梦，在幽暗的时间隧道深处，聆听那遥远的回响。金色的圣殿散射出质朴、凝重、深邃、多彩的辉光。漫步在耶路撒冷，漫步在锡安山，漫步在历史的长河岸边，顿生思古幽肠……

以色列的山很多，但光秃秃的，不巍峨，也不秀美，似丘陵小山绵延。这些普通的小山，却大名鼎鼎：橄榄山、西奈山、迦略山、锡安山……

锡安山尤为著名。它坐落在圣城耶路撒冷中央，久负盛名的圣殿就坐落其上。以色列历史上许多惊心动魄、刀光剑影的事件就发生在这里。

这里有过世界各地朝圣者的身影，留下许多先知、圣徒的足迹。圣殿在阳光下，光芒万丈，照亮了朝圣者的心灵。

当我走进这方古意盎然之地，脚步变得异常沉重，心中不免微微颤抖。

由金子镶嵌的圣殿，在阳光下依然金光闪耀，但已物是人非。当年所罗门王建的圣殿已不复存在，圣殿的地基仍在，伊斯兰教徒在原来的地基上又建起了新的圣殿。

锡安山周围，汇聚了三种宗教：犹太教、基督教、伊斯兰教。耶路撒冷市内有1204座犹太会堂、158座教堂、73座清真寺。黄昏时分，耶路撒冷、锡安山在夕阳下闪着金光。哭墙下，犹太教、基督教信徒的唱诗，像大海的波涛。声音刚落，对面橄榄山上天主教堂的钟声又当当响起，此起彼伏。老城墙边上，东正教也来凑热闹。马利亚的墓地阴森、寒冷，卧在一个地下的大洞穴里。基督教的教堂、苦路围绕着圣城……没有刀光剑影，没有子弹穿梭，无形的竞争、有声的呐喊却让人惊心动魄。

方圆不到一千平方米的圣城，为什么汇聚了这么多不同的宗教？它到底属于哪种宗教的发祥地？各种宗教以各种感人的方式，在这里吸纳各国的信徒向这里汇集，承载无数信徒的精神寄托，把神圣的悲情与崇敬叠加给这座悲情之城。矛盾、冲突、战争，又使它经历了无数次劫难。

锡安山，你承载了太多的忧患，记载了太多的忧伤，汇聚了这么多宗教，见证了不同宗教的兴衰荣辱，刻下了历史的沧桑。你成了世界宗教的集散地。唯有这里，唯有锡安山，汇聚了这么多宗教，让全世界的人向这里瞩目、敬仰、朝圣，同时，也带来不安、紧张与恐慌。历史在永恒中展开，预言与应许在世界宗教的中心，像一部尘封已久的大书被打开，让全球的人来仔细翻看、阅读，越读越惊讶，越读越耐人寻味。

耶路撒冷，平安之城；锡安山，圣洁之山，这里却无法平安、宁静。两千多年来，这里烽烟滚滚、硝烟弥漫。有人说，国家与国家之间的冲突，归根结底是信仰的冲突，这未免一概而论了。人的自私、贪婪、欲壑难填才是导致战争的根源，大多数冲突是经济利益的原因。马克思曾一针见血地指出："人们之间的关系，归根结底是经济关系。"真是精辟。而有些冲突的确是信仰的不同而引起的矛盾。

人类需要纯正的信仰。迷信、偏执、狂热、过犹不及，都将使人类走上不归路，陷入黑暗。

锡安山上，有形的圣殿太拥挤，朝拜的人流汹涌澎湃，而无形的墙依然存在，各种鸿沟仍未填平；多少心灵的家园已荒芜。回归心灵的家园，看守、修剪自己的葡萄园吧，不要再惊醒他人的梦境。

梦中的橄榄树

我的橄榄梦，是从那首歌——《橄榄树》开始的。随着那淡淡忧伤、深情款款的旋律，飘向地中海、以色列、耶路撒冷……

不要问我从哪里来
我的故乡在远方
为什么流浪
流浪远方
流浪
为了天空飞翔的小鸟
为了山间轻流的小溪
……
为了我梦中的橄榄树
……

《橄榄树》从20世纪80年代唱到如今，没有丝毫淡忘与厌倦，不由得时时哼唱。因为它已融入我的细胞里，植根于我的心田上。

三毛离开我们好多年了，然而三毛的散文，三毛的率真，尤其是三毛的《橄榄树》，那深情优美的旋律，依然萦绕在耳畔。无论什么时候唱起它，听到它，心中都是那样沉醉，充满了对远方美景的向往，对自然的眷恋，对自由的渴望。

第一次听到这首歌，是在上大学时，一下子就喜欢得如醉如痴。“为了我梦中的橄榄树，流浪远方……”橄榄树有什么特别的地方，让三毛为了它去远方流浪？

于是心中便生出茂盛的橄榄树，长出悠悠的橄榄梦。

2008 年终于梦想成真，来到了中东，踏上圣地，登上了橄榄山，看到了大片的橄榄树，了解了它的内涵，我明白了三毛对橄榄树的独特情怀。

橄榄树看上去普普通通，没有什么特别的地方，但它有着独特的魅力，丰富的内涵。

橄榄树代表着勇敢、无畏，象征着顽强不屈精神。

橄榄树生命力极强，能够适应各种不同的生存环境，忍受骄阳似火的高温，抵御干旱少雨的气候，抗拒沙漠风暴的摧残。在恶劣的环境下仍能长出墨绿色的叶子，并开花结果，这是一种怎样的精神？

怀着橄榄梦，三毛到远方流浪。正是拥有橄榄树一样非凡的素质、勇敢的精神、综合的本领、谋生的能力、开阔的心境、健康的情志，才忍受了漫长而陌生的时空折磨，不怕遭遇意外的风险，经受了生死安危的考验。她把心放逐于大地高天，飞瀑流泉，因此，她的作品才格外纯真、生动、丰富，引人入胜。

流浪是一种告别，告别母亲温暖的怀抱，告别兄弟姐妹盈盈的微笑，告别早已调适好的生命温室，告别温馨安适的小巢。然而，为了天空飞翔的小鸟，为了山间清流的小溪，为了梦中的橄榄树，为了那些未曾欣赏的壮丽的山川大河，她执着于流浪，“不在乎脚下，只在乎远方”；不在乎险象环生，只在乎壮美绝伦，把生命交托于理想，交托未知的一切。我钦佩她的流浪精神与纯粹，因为我与她有着共同的向往与爱好，然而我缺少舍弃一切、一往无前的流浪精神。胆怯、顾虑代替了勇气，所以我对流浪者佩服得五体投地。

橄榄树代表坚忍、奉献，象征死而复生的精神。

橄榄树，亚热带常绿乔木，耐旱，耐寒，是生长能力很强的长寿树种。许多千年以上的橄榄树树干，枯干得像布满皱纹老人的脸，有的像枯死的老树桩。但往树梢看，枝叶茂密，越往上越繁茂。丰郁的绿叶，结满了果子，还生发出许多新芽。

橄榄树生于沙漠，长于沙漠，是沙漠中绿色的海洋，是荒漠中的绿洲。橄榄树把自己的生命奉献给这里，为这片荒漠带来绿色、春天和希望。

橄榄果，食用、药用皆宜，只是那味道生生的、涩涩的、怪怪的，我吃了一颗，又苦又涩。其他人吃了一口便吐了出来，我咬咬牙，咽了下去。过了一会儿，淡淡的清香慢慢涌上来，还略带甘甜。橄榄果的确有些特殊，先苦后甜，回味无穷；橄榄油的味道甚是好闻，苦涩全无，防晒又滋润干燥的皮肤，被人们誉为“液体黄金”。

橄榄树象征和平，能够代表人们的博爱情怀。

古代奥运会的奖品就是橄榄枝编成的花环。希腊人把健康纳入文明的范畴，成为一种全民的诉求、文明的象征，并被全人类传承。健康的思想加上健康的身体，才是理想的人生、完美的人生。

1896 年，第一届现代奥运会在希腊举行，冠军奖牌是橄榄叶织成的花冠，以象征胜利。2004 年，雅典奥运会火炬的外形是卷起的橄榄叶，表达了促进各国人民沟通的愿望。

奥林匹克精神已成为团结、友谊、合作的代名词，为人类和谐相处、彼此相爱、共同发展带来了希望、契机，为增进友谊、促进文化交流提供了更好的机会。橄榄枝不仅成为运动员在比赛中超越自我、取得胜利的象征，也是人类渴望和平，渴望自由、平等、文明、进步精神的象征。在全球一体化的今天，人们期盼着共有一个美好家园，让世界充满爱！

橄榄树华美圣洁，拥有美好的属性，又结出好果子。仁爱、喜乐、和平、恩慈、良善、信实、温柔、节制、忍耐。品读咀嚼这九个果子，每个果子都是美好之果，比金子更宝贵。若是能做到，那将是完美的人。

橄榄树的华美不是外在的，而是内在的、丰富的、专一的、深情的、忠贞不渝的。橄榄树深切眷恋这片土地，把自己的生命奉献给这里。一方水土养一方人，一方水土也孕育了相同品性的植物。它们拥有共同美好的属性。如胡杨树在没有滴水的茫茫荒漠中能活一千年，枯死后还能站立一千年，倒下后不腐朽又是一千年。而婀娜多姿、杨柳依依的柳树只适合暖风柔柔的江南，移至大漠必死无疑……

橄榄树深情眷恋这片土地，忠于这片土地。无论是沙漠戈壁，缺水干旱，还是枪林弹雨，铁蹄践踏，都未曾使你毁灭，反而越来越繁茂，风沙在你脚下埋葬，树干记载了岁月的沧桑。你以枝繁叶茂，书写了悠悠的历史，在沙漠干旱之地，尽显生命的风华。地老天荒，宠辱不惊，不屈不挠，浴火重生，唯有你常青，唯有你常在。以你健硕的身躯、宽广的胸怀，见证着过去，展望着未来。

橄榄树是坚强和生命的象征，代表着永恒！

沙仑的玫瑰

你是沙仑的玫瑰花，
你是谷中的百合花。
我的佳偶在女子中，
好像玫瑰花在荆棘内。

这是以色列国王所罗门作的《雅歌》中新郎对新娘表达爱情的诗歌。很多人以为这是一首爱情诗歌，其实它有更深的意义，借此来表达一种超越小我、超自然的伟大的爱。

沙仑位于以色列北方地中海沿岸的低平原地区，从迦密山向南延伸至约帕，是以色列地区最大的一个平原，拥有独特的地形地貌。

沙仑拥有笔直的海岸线、海滩及峭壁。鳄鱼河、亚历山大河等5条小溪流经沙仑平原。这些溪流源于撒马利亚群山，流入地中海，不能透水的山脊吸取了从撒马利亚丘陵而来的雨，形成一块湿地。低沙丘与低湿地相结合，产生了泥泞地的特有植物。

沙仑布满橡树、沼泽、沙丘和森林，使人无法穿越。在以色列人被掳期间，此地无人居住。后来回归的人民中，只有几百名的罗德人重返定居。

就在这沼泽、沙丘和森林盘踞之地，野玫瑰倔强地生长着。玫瑰的美丽与平原上常见的稠密荆棘形成强烈的对比。

沙仑，是以色列干旱无水之地上，由沙漠围绕出的一块湿地，一个富庶华美的绿洲。平凡而美丽的玫瑰在沙仑稠密、多刺的丛林中怒放。海风吹来，随风摇曳。我仿佛听到玫瑰在风中歌唱:“我是沙仑的玫瑰花，我是谷中的百合花。旷野和干旱之地必然欢喜;沙漠也必快乐;黎巴嫩的荣耀，并迦密与沙仑的华美，必赐给它……”

玫瑰是一种普通的植物，而且玫瑰成为爱的象征已经在很多时候被运用到俗不可耐的地步，然而，沙仑的玫瑰，不是寻常的玫瑰，是荆棘中的玫瑰。

沙仑的玫瑰，它是不屈的灵魂挣扎出的一个梦，是不息的渴望燃起的一团火。在烈日中灿烂，在沙尘暴中歌唱，同狂风比试着力量。恶劣的环境、稀少的人烟，没有阻止玫瑰的顽强生长、尽情绽放，在污泥、乱石、沙丘中，它们依然灿烂开放、笑傲江河，把美丽和芬芳，带给这里的山川、沼泽。

它们不是人们桌子上的摆设，献媚主人与客人的目光;不是男人讨好女人的工具，装饰爱情的梦想;不是玫瑰庄园的娇艳小姐，渴望被人夸奖。它不想打动谁，不渴求被谁欣赏，无法选择生活的境遇，不敢奢望什么待遇，尽情地伸展，知足地快乐，茫茫大漠，自我绚丽，自发芬芳。

这就是沙仑的玫瑰，孤独而荣耀、平凡而超凡，带给我深深的感动和感悟。

没有黑暗怎能认识光明？没有丑陋怎能认识美丽？没有罪恶怎能认识圣洁？没有荆棘怎能认识沙仑玫瑰花的可爱与珍贵？院中的玫瑰花是平凡的，瓶中的玫瑰花是庸俗的，唯有荆棘丛中的玫瑰花才会显出它的超凡卓越与美丽;没有流泪怎能欣赏欢笑？没有疾病怎能欣赏健康？园中的玫瑰花是单调的，瓶中的玫瑰花是娇弱的，唯有荆棘丛的玫瑰花，才会显得比所罗门王所穿的衣裳更娇艳动人，显出它不屈的精神、卓越的品格。

以色列处于阿拉伯沙漠地区，是沙漠之舟。沙仑的玫瑰，是否象征着犹太人的与众不同?

早就听说犹太人是世界上最优秀的民族之一，但从来没有见过犹太人。

2008 年，我终于梦想成真，踏上了去以色列迦南美地的旅程。

在特拉维夫机场，刚下飞机，一大帮穿黑衣、带黑帽的人吸引了我，我好奇地走到他们身边观看、打量。

身穿长长的黑礼服，头戴厚厚的棉毡帽、黑礼帽，留着长长的黑胡子，白白的皮肤细腻光滑，脸颊上是一抹红霞，白里透红的皮肤像玫瑰花一样美丽。这就是传统的、未被其他民族同化的正统犹太人。在以色列，无论你走到哪里，都能看到这样的着装打扮，仿佛时光倒流，回到古老的千年岁月。人们的衣着和行为风尚，使人恍惚间停留在中世纪驻足不动了。

尤其是男人们耳朵前梳着的两条小辫，可爱又另类。在机场密集的五颜六色的人群中，他们的着装一片黑，一下子就把他们与其他民族的人区分开来。犹太人就是这样与众不同，个性鲜明，像谜一样吸引无数目光向他们注目、探寻、羡慕又嫉妒。

在北京国际机场，过关检查，其严格细致的提问，让我们疑是在以色列。体验到了犹太人的谨慎、机敏、精明，又不使人反感。因为他们修养甚好，无高傲世俗之感。他们的眼光是独特的，眼神中流露出谦卑的傲骨，流动的孤独，忧郁的自信，就像荆棘丛沙仑的玫瑰，在恶劣的环境中，在千锤百炼中，学会了生存的本领，散发出独有的芬芳。

21 世纪的今天，全球一体化的浪潮席卷世界，人们的着装也日益趋同。即使一些守旧的少数民族，服装发型也早已潮流化了。而作为犹太人这一遍布世界各地的民族，在外漂泊已是两千多年，若是其他民族，也许早就被同化了。而传统犹太人，仍然初衷未改，无论是着装还是信仰，理念还是行为，依然故我，始终未被同化。

被流放与屠杀，未曾改变他们的理想与信念；荆棘与烈火，未曾使他们屈服熔化，因为他们相信：旷野必有水发出，沙漠必有河涌流，发光的沙要变为水池，干涸之地要变为泉源，那里必有一条大道。高高低低的要改为平坦，崎崎岖岖的必成为平原。就像沙仑的玫瑰，无论环境如何改变，依然孤独又快乐地生长，灿烂地微笑，美丽地绽放，点燃生命之火，照亮茫茫沙漠、山丘、荆棘、沼泽……

沙仑的玫瑰，芬芳着这片寂寥的荒漠大地，彰显着心灵的纯美高洁。

约旦河水青幽幽

约旦河，从戈兰高地的加利利海出发，从北到南，一直流到死海。

约旦河，是一条不宽阔的小河，与以色列锥子般的地形一样瘦长。它默默无声且温柔地流淌，既不见波涛汹涌，又不闻水声淙淙；既不像中国的长江、黄河那样浩浩荡荡，波澜壮阔，也不像俄罗斯的涅瓦河、法国的塞纳河那样微波荡漾、秀丽妩媚。它穿过沙漠、干旱的沙土地，流经人烟稀少的旷野。无落霞孤鹜、秋水共长的美景，也无芦荻水鸟、轻舟千帆的点缀。荒凉，却生命丰盛；寂寞，却黯然自得。孤独地前进着，悠悠地述说着以色列的荣辱与沧桑。

到了以色列，约旦河的名字就在我脑海跳跃，不去约旦河，犹如“不到黄河心不死”。约旦河与红海一样在以色列历史上发生过神迹奇事，具有划时代的意义。

因为下午要离开以色列，去特拉维夫机场回国，本来没有安排去约旦河的行程，在我们强烈要求下，司机调转车头，旅行车风驰电掣般地向约旦河驶去，穿行在群山之间。一会儿在山顶盘桓，一会儿在半山腰奔驰，在沙山、石山之间穿梭。

绕过美丽多姿的加利利海，约旦河就在眼前。

约旦河是西亚的一条重要河流，发源于叙利亚的赫尔蒙山，流经以色列、约旦，注入死海。虽然它是一条小河，全长只有 360 多公里，却使几个国家一水相通。在历史和宗教上，约旦河是世界上最神圣的河流之一。进入现代，其珍贵的水资源也成为该地区纷争不断的一个因素。

约旦河，一条普通却非同寻常的河流，在历史遥远的记忆里，信仰之光淬就的沉默与哲思，泛着历史的沉香，让河流生动起来。

走进约旦河，我的心起伏难平，一种神秘、一种向往早已充盈心房。约旦河在我心中是一条神圣之河、梦中之河、神往之河，像天上的星河一样望尘莫及，遥远而不可企及。当我终于历经千难万险来到它身旁时，心中的激动与兴奋不可言喻。

在《圣经》中，约旦河是数次发生奇迹的地方。第一次奇迹发生在耶利哥城附近。耶利哥城是以色列历史上的千年古城，有“耶和华花园”之称。以色列人在青年领袖约书亚带领下，凭着信心，勇敢地渡过约旦河，进入耶利哥城，从此结束了在旷野流浪四十年的历史，于迦南美地开始了崭新的生活。第二次奇迹是以利亚用自己的外衣击打河水，水就左右分开，他和以利沙过约旦河如同走干地。第三次奇迹是让乃缦在约旦河水中沐浴七次，麻风病得治愈。

来到约旦河，我们兴奋地脱下鞋子，挽起裤脚，走进河水中。

站在绿色的河水中，我眼前仿佛出现长长的队伍和一幅幅画卷：约书亚率领以色列百姓行走约旦河。当他们勇敢踏进约旦河时，约旦河立起城垒，使他们顺利通过。他们围绕城墙，绕了七圈，没动一枪一炮，耶利哥城轰然倒塌……

也许会有人认为这是神话，我看到的是它向我们昭示的一种宝贵精神。当一个人充满信心、勇往直前踏入生命中的约旦河时，生命中软弱、怯懦的城墙也必然会倒塌。

《圣经·新约》记载，施洗约翰为悔改者在约旦河洗礼，这里也是为耶稣施洗的地方。耶稣受洗处，今天已成为著名的观光胜地。

受洗地在加利利海旁的约旦河谷。它是约旦河的一段，像个小湖。

穿过卖各种纪念品的大商店，便到了约旦河畔。但见两岸绿树成荫，河边立着栏杆，修筑了一级级的台阶。

平静流淌的河水上跳动着斑斓的阳光，绿树间透出湛蓝的天、飘动的白云，一派圣境气象：安详、平和。在耶稣受洗处有个小平台，从小平台可以直接走进约旦河。许多信徒换上洁白的浴袍跳入约旦河沐浴、洗礼。河水很浅，齐腰深。我也挽上裤腿，踏进了约旦河，心中充满了快乐，仿佛灵魂也得到了净化。

在干旱缺水的中东地区，约旦河养育了两岸儿女，灌溉了大片良田。这里处于沙漠干旱地区，光秃的山地缺少植被，很像中国的大西北。而耶稣受洗之地的约旦河谷，两岸的植被郁郁葱葱，使河水抹上了一层淡淡的绿影。

墨绿的河水，缓缓从沙漠流过，像闪亮的绿宝石，镶嵌在金黄色的荒漠上，又像一条绿色的飘带，环绕着沙漠。深绿色的河水，幽婉地诉说着昨天古老的故事。

即使浪迹天涯，犹太人精神的故园里，始终流淌着故乡这条魅力非凡、母性般温柔而美丽的河。

约旦河连着两片海，相距不远。一片"海"生气勃勃，"海"里鱼儿畅游，"海"边树木葱茏，鸟儿在树上筑巢，人们在岸边生活，所有生命都因为这片"海"而精彩。这片"海"的名字叫加利利海，是约旦河造就了这片"海"。

约旦河的水还流入了另一片海，但那里没有加利利海的那种生机，没有游动的鱼儿、飘舞的树叶、鸟儿的鸣叫、人们的欢笑，一片死气沉沉，人们称之为死海，也叫盐海。

同样都是接纳约旦河的水，结果却大不相同。加利利海每接纳一滴约旦河水，同时也要流出同样的水，接受和付出同时进行。于是它成了活水，生机无限，美丽无比。另一片海则全盘接纳，滴水不放，成了"死海"。

加利利海懂得付出活了下来，死海不肯付出所以死了。两岸的国家叙利亚、以色列、约旦，一衣带水，唇亡齿寒。愿它们像加利利海那样，互相接纳、和谐相处，和平的乐章天天奏响。

在这个世界上有两种人，一种人懂得付出，另一种人只会索取。我一直信奉这样一句话：施比受更有福。当你给予别人时，你的心会得到一种满足、一种欣慰、一种快乐。当我们把爱流淌出去时，就会春有百花，秋有明月，冬有白雪。

圣境加利利海

在以色列干燥沙化的土地上，有一片蓝蓝的海。

去约旦河的路上，车在弯弯的山道上盘旋。以色列的山很多，绕过了一山又一山。极目远望，许多房子建在山上或半山腰。平地让给了庄稼，以色列人对土地的爱惜可见一斑。

早晨出发，一路上都是在山中穿行，跃上跃下。忽然，一片蓝色映入眼帘，心中一阵狂喜，到加利利海了！

加利利海，我心中的海，向往已久的海，今天终于来到你身旁。

加利利海，不是海，是群山环抱的淡水湖，全世界海拔最低的淡水湖。

我们的车风驰电掣般飞过，眼前灿烂着一片鲜花。各种花卉环绕着加利利海，像抛绣球一样从我们眼前掠过，令人眼花缭乱。红的、黄的、粉的、紫的，还有一排排棕榈树、椰子树，把加利利海点缀得分外美丽。地中海的阳光明媚而温柔。多想在这里疗养，躺在她温暖的怀抱中歇息，抖掉一身的疲惫，享用无忧无虑的安息；多想在这里安家，回归伊甸园，心不再漂泊流浪。

当我们的车停在湖边山坡上时，已是正午，很多人直奔餐厅吃饭，我却顾不上吃喝，扑向加利利海。干旱、干燥的以色列内陆地区，难得见到湖河，来到加利利海身边，犹如久旱逢甘雨、他乡遇故知般亲切。这一片湖，比以往我见过的湖都蓝，像南国的海一样，蓝蓝的，难怪它不叫湖而叫海。

以色列的山是金黄色的，土是金黄色的，石头是金黄色的，加利利海，仿佛金黄色绸缎上的一颗蓝宝石,在金灿灿的阳光下,格外光彩夺目,怡人养眼。湖水比天空更湛蓝,比天空更清新空灵。

那水是温温柔柔的,她是这般温馨,柔情万种,暖意浓浓,岁月深处的温柔,在波浪里盛开,散发着一阵阵令人陶醉的馨香体温,留在清风里、植物里。越靠近她,就越能感受到她的温柔、神奇和力量。

加利利海像一首诗,一幅画。历史的沉香在这里成为灿烂的花朵。传说中的许多故事都发生在这里:在水面行走、平静风暴、“五饼二鱼”等等。

夕阳下的加利利海宁静安详,波澜不惊。平静流淌的湖水上跳动着斑斓的阳光,绿树间透出澄澈的蓝天,飘动的白云,充满了安详平和。

加利利海湖畔有一座“饼之奇迹”教堂,朴实而又简洁。传说在这座教堂里,耶稣祝福了五只饼、两条鱼,使它们不断增多,让五千人吃饱了肚子。在饼之奇迹教堂对面的小山丘,是著名的圣训之丘,又叫八福山,据说就是在这座山丘上耶稣说出了著名的八句圣训。

充满圣迹的加利利海,也是一片忧伤的海。阿以冲突矛盾的集结地区,耶路撒冷、约旦河西岸、戈兰高地,是中东和平进程中难以打开的三个结。位于加利利海北岸的戈兰高地,原来由叙利亚管辖,居高临下,俯瞰整个以色列北部富饶的平原地区和重要的经济都市特拉维夫和海法。三次中东战争后,以色列夺取了这块战略要地,得到了重要的战略屏障。

戈兰高地是重要的水资源发祥地。在干旱的中东地区,水就是生命之源。战略和经济的双重利益,使以色列坚持不放弃戈兰高地。1967 年发生著名的“六日战争”,戈兰高地被以色列控制。虽然今天以色列让出部分“缓冲区”,交由联合国监管,但戈兰高地依旧像一个高悬在以色列和叙利亚头顶的炸弹,不知在哪一秒钟,就会被再次点燃引信……

传递耶稣福音的加利利湖,高悬利剑的戈兰高地,彼此相邻,山水相望。在山水之间,生长着一片又一片的橄榄树。啊,橄榄树最多的地方,为什么和平却是最稀缺的梦想……

凝望橄榄山

抵达耶路撒冷的第一站，就是橄榄山宾馆。

橄榄山在耶路撒冷非同寻常，它同锡安山、西奈山一样，是充满荣耀，名载史册的圣山。

橄榄山坐落在耶路撒冷老城东面，是城内最高的山。山顶是眺望耶路撒冷全貌的最好地方。站在山顶往下看，耶路撒冷全貌尽收眼底。金色圆顶圣殿像一颗大金蛋，在阳光的照耀下，闪着金光。

山脚下，汲沦溪谷把老城与橄榄山隔开。如今溪谷已经干涸，成了一条干谷。

橄榄山上长满了橄榄树，树上结满了橄榄果，就像山里红、山楂树上一串串的果。未熟的初熟的是绿色的，成熟的是紫黑色的，酷似葡萄。

老城共有12个门拥抱着圣殿，代表以色列祖先雅各的12个儿子，象征以色列12个支派。橄榄山的西坡对着东门、狮子门。

对于基督徒、犹太圣徒来说，橄榄山是充满希望、充满复活、永生盼望的山，是战胜黑暗、死亡、权势的圣山。因此，数世纪以来，无论在哪里，无论相聚多么遥远，向往它，凝望它，守望它，成为信徒心中美好的期许。

犹太人更是爱它没商量，他们不惜投入大量资金，在此占有一席之地。橄榄山坡成为犹太人选择的世上终点站，庞大的墓地，密密麻麻一片连一片。

希伯来大学、犹太国立大学图画馆、医院也相继在这里兴建。本来就是一座小山，上面汇聚了住宅、学校、医院、墓地、教堂，这在全世界也是罕见的。宗教与文化在这里联姻，塑造了一流的科学家、艺术家，创造出辉煌灿烂的历史和文化。

我们住的橄榄山宾馆，恰好就在山顶，旁边有座尖顶升天教堂，传说是耶稣升天之地，留有耶稣升天时的脚印。能住在这座山上，实在是幸运。单是耶稣在这里升天，就给我们带来了莫测的神秘、无限的遐想。

山坡上各种古老教堂荟萃，最著名的是客西马尼园万国教堂，又叫苦闷大教堂。传说耶稣在他被捕的前一天，带着门徒上了山，在客西马尼园俯伏在地祈祷，通宵达旦。客西马尼园因此而成为瞻仰耶稣的圣所。橄榄山因为有了客西马尼园而名扬四海。

附近俄罗斯式的建筑是圣·玛丽神女教堂，多米内斯·弗列维特礼拜堂。不远处的彼德·涅斯特教堂有44国文字书写的主祷文。此外还有圣母马利亚墓、西罗亚池……都是颇具历史意义的遗址。

站在远处仰望橄榄山，它没有什么特别的地方。当我深情凝望它的时候，看不到香烟缭绕，磕头作揖，看不到一尊尊雕刻的偶像。走进教堂，牧师、信徒脚步都是轻轻的，祈祷声是悄悄的，生怕惊动任何人。

凝望橄榄山，我感受到它的周身散发着馨香之气。灵魂的拷问、历史的怀想、诗的豪吟、歌的放号，都仿佛失去力量，只有沉默、芬芳汇入思想汹涌的海洋。

橄榄山下，汲沦溪谷已经干涸，而流向心灵的活水，不正是以这座山为源泉吗？只要愿意，人人都可以无偿地领取这活水，使心灵饱足，得到亘古不变的爱。

玫瑰色的晨星

犹太人聪明智慧，全球各行各业的顶级人才中，都有犹太人。占世界人口总数不到 1% 的犹太人，从 1901 年到 1995 年间，获诺贝尔奖的人数达 129 人。

犹太人九死一生，生生不息且卓越超群，它的真谛是什么？他们历尽杀戮而不被同化，并能不断创造奇迹的奥秘究竟在哪里？

带着极大的好奇，翻阅了大量关于犹太人的资料，对犹太人有了理性的认识。读万卷书不如行万里路。2008 年 9 月，我踏上了中东，来到了以色列。一幅生动、璀璨的画卷，随着我行进的脚步慢慢打开，谜底也随之揭开。

在以色列从南走到北，一路上没有看到一家冒烟的工厂。天格外蓝，草格外绿，花格外娇艳，空气格外清新，高楼稀少，别墅古朴，除了首都特拉维夫具有现代气派以外，其余城市都是普普通通的石头房。他们为什么那么富有？为什么卓越人物众多？

智慧的犹太人，以经营高科技、金融业为主，精于理财、追求卓越。他们开银行，搞发明，让钱生钱，让智慧变成钱。世上有钱人在欧美，欧美有钱人把钞票存到犹太人的银行里。

坚定的信仰，对优秀文化的重视与传承，是犹太人历经浩劫而不灭的真谛。对犹太人永久的威胁，不但没有使这个民族销声匿迹，反而变成一种动力，使他们为了生存与成功，必须执着地保持其民族特色和追求卓越的民族性格。适应与忍耐，文化与智慧，成为第一财富，使这个弱小民族绝处逢生。

其一,他们的智慧与独特来源于信仰的坚定与遵循。《圣经·旧约》是他们永恒的经典,《律法书》、《塔木德》是他们行为的准则。在国破家亡的情况下,他们强化了内部精神纽带,以这些书为最高典籍,并成为约定俗成的不成文规定:5 岁学习《圣经》,10 岁学习《密西拿》,15 岁学习《塔木德》。这些经典里,充满了犹太式的智慧。这种信仰已经变成一种情怀,一种文化。追求信仰,崇尚智慧,不仅是一种美德,更是一种义务。

因为要严守戒律,就要经受苦难承担惩罚;因为有所畏惧,就要人心向善;因为墨守教规,就不肯融合于别族,势必遭受排挤和镇压。这就是犹太人为什么历尽磨难,浪迹天涯的内因与外因,也是犹太人为了民族和宗教尊严所付出的血的代价。

其二,他们的独特智慧来源于文化的根基与崇尚。在犹太教中,勤奋好学纳入敬神的一部分,学者被推上最高的地位,拉比和学者在犹太人阶层中,享有最高的地位。

在犹太历史中,有许多有名的拉比都是大学者,有一个拉比竟然获得了诺贝尔奖。有个穷人没钱读书,有一次在教室天窗上听课,被大雪冻僵,感动了老师,从此免费让他听课。因勤奋好学,他后来成了犹太拉比中的泰斗。他有一句名言:没有人是贫穷的,除非他没有知识。

犹太教不在教堂里,在哲学里。

有句犹太格言耐人寻味:“宁可变卖所有的东西,也要把女儿嫁给学者;为了娶得学者的女儿,就是失去一切也无所谓。”犹太人对科学和知识的重视,不愧为“书”的民族。人会死,但智慧不会消亡,而且生生不息,影响代代人的精神。

早在 11 世纪,犹太民族就几乎消灭了文盲,人人都能阅读识字。各国总统大多是政治家,科学家当总统的凤毛麟角,而以色列的第一任总统就是著名的物理学家魏兹曼。可见犹太人对教育的推崇备至。以色列建国前,犹太复国主义就把教育作为复国的重要手段,当时的提法是“文化犹太复国主义”。把文化上升到民族复国的首要位置,对文化的重视可见一斑。

其三,他们讲究诚信,鼓励创造。犹太文化最重要的核心是永不自满,崇尚开放、自由意志,鼓励冒险,勇于创新,推崇创造性,反对因循守旧。鼓励推翻前人带给后人的影响，创建一个自己主宰的新天地。不了解犹太人，就不了解世界，“三个犹太人坐在一起，就可以决定全世界”。他们惊人的富有、奇异的赚钱能力，让世界折服。有一个非常经典的说法：世界的钱在美国人的口袋里，而美国人的钱在犹太人的口袋里，犹太人的钱在自己的脑袋里。

两千年没有祖国，漂泊异乡，如履薄冰、寄人篱下的日子，使他们格外精明，诚实守信、精心筹划一切。不像处于小农经济、地大物博的地方，可以处于完全放松的状态，舒舒服服过日子，小富即安。犹太人生活在动荡中，他们一般不置办固定资产，专心研究钱生钱的生意：办钱庄、开银行。罗斯柴尔德家族，控制世界黄金市场和欧洲经济命脉长达200年。

鼓励变革，涌现出众多改变世界的伟人：马克思、摩西、斯宾诺莎、魏兹曼等。尽管他们追求的形式不同，出发点和目标都是一样：建立一个自由、平等、博爱、幸福的人民国家，为社会正义的理想而生活，并自我牺牲。

在艺术领域，也出现了一大批超凡脱俗的艺术大师：拉斐尔、毕加索、门德尔松、卡拉扬等。一个小小的民族竟然有13人荣获诺贝尔文学奖。卡夫卡的表现主义、普鲁斯特的意识流、贝克特的荒诞派、约瑟夫的黑色幽默等。

千百年来，犹太人主张内部通婚，保持了一个民族的纯一性，也是两千年未被灭亡的原因。

其四，他们对理想矢志不渝的追求与探索。伟大的科学家爱因斯坦是一个犹太人，他在沉浸于对自然界奥秘探索的同时，也在热切关注人类的命运，有着强烈的社会责任感和正义感，为真理和正义而服务。他一生关注的三个问题之一就是犹太人问题。对科学的探索与研究并没有影响他的信仰，反而有了更独到深刻的认识。

他认为，许多人对以色列这个民族看法有偏颇，历史上的排犹运动，使多少犹太人死于无辜。因此，对犹太人有个正确的认识，是实事求是精神的体现。

坚定的信仰、远大的理想、卓越的追求、诚信的理念使犹太人不断登上成功的宝座。正如托尔斯泰所说：“犹太民族的智慧包含了永不消逝的温情与魅力，就像玫瑰色的晨星，闪耀在寂寞的早晨，那是人类灵魂永恒充满激情秘密的探索。”

守望东方

来到耶路撒冷圣城，感慨太多。

耶路撒冷，你真是太独特、太神秘，一切都是那样的与众不同。

这里，罕见的墓群云集在市中心城墙东边，遍布橄榄山上、汲沦溪谷旁。墓群之多，之特别，给我留下颇深的印象。

在耶路撒冷的市中心，紧挨着圣殿，有一片片墓地。尤其是圣殿的东门外、城墙下、橄榄山坡上，密密麻麻的墓碑一个挨一个，拥挤于狭窄的空间。

从远处遥望橄榄山，整个向东的山坡上，全是墓地。墓碑不是立起来的，全是躺着平放的，就像一排排整齐摆放的书。所有的墓都是用当地金色石头建造的，在金色的阳光下，形成金色的墓群。

有人说，墓地不仅是人的另一个居住地，还是不同时代的一个历史博物馆。很多文化遗产，在地面上流失了，在墓地里却得到了保存。站在橄榄山上，身处墓群中的我，对此有了切身的体会。

犹太人主张完整安葬。据导游介绍，碑下逝者身体面对着东方，双手放在后脖子上，守望着东城门。此处地价寸土寸金，买一小块墓地比买一块商业用地还要贵上许多倍。但为了虔诚的信仰，他们不惜花费昂贵的金钱。

为何逝去的犹太人都要拥挤在这里？原来，他们怀揣美丽的梦想：耶稣再来时，首先降临在橄榄山上，然后打开封闭的东城门，从城门进入荣耀的圣殿。那些死去的犹太人，之所以要把身体向着东方，就是等主再来时，身体一下可以坐起来，他们要第一眼看到耶稣,并因耶稣的到来而复活,并与耶稣一同做王,直到永远。

在犹太人看来,这里既是今生的终点,也是永生灵魂的起点。在这里安歇,卸下一生的重担、劳苦愁烦,进入充满希望的等待状态,等待变成了享受,守望充满了盼望。

《圣经》启示录中,为耶路撒冷的新天新地描绘了无比瑰丽的美好蓝图:城是精金的,如同明亮的玻璃;城中有上帝的荣耀,城的光辉如同极贵的宝石,好像碧玉,明如水晶。上帝要擦去他们一切的眼泪,不再有悲哀、哭号、疼痛,以前的事都要过去……

为了这么美好的未来与理想,虔诚信奉上帝的犹太人死后便将坟墓葬在橄榄山上,向着东方,守望东门。不管花多少钱,他们依然恪守着自己的盼望与信仰。于是,拥挤在东方,向着东方,守望东方,守望东城门,守望耶稣来的方向,就成了守望天堂的美好愿望。我为他们的虔诚深深感动、震撼。

哪一个人的心中没有守望呢?不管贫富,无论贵贱,或是对名利的守望,或是对精神财富的守望,观念、理想的守望,都有可能成为心中的明灯和行为的动力。

他们是灵魂的守望者,专一、单纯地仰望,无悔无怨。因为那是太阳升起的地方,有太阳就有光明,就有希望。有希望就有寄托、力量。

这里是许多文化人的终点,智者的归宿处。同时,也是新生命诞生、更新的出发点。

来到耶路撒冷圣城,感慨太多。圣城内的墓地又使这感慨平添了许多别处无可寻觅的神秘和圣洁。

谷中百合花

耶路撒冷是个山城。山多谷就多，新嫩子谷、汲沦溪谷、断定谷、什亭谷在《圣经》中都被提及。它们不是普通的山谷，因为它们装满了犹太人的悲喜故事。过去，这里的山谷盛产洁白的百合。

关于百合花，有一个美丽的传说。

在一个遥远的峡谷里，一颗百合花的种子落在了野草丛中，并在那里发芽生长。在没有开花之前百合花和野草没有什么区别，于是其他野草都认为它是其中的一员。只有百合花知道自己是一朵花，一朵不同于其他野草的花。当百合花露出第一个花蕾时，其他野草都嘲笑她、孤立她，认为她是野草的异类，不是一朵花。百合花总是默默地忍受着，因为它相信总有一天自己会开出一朵漂亮的花朵。

终于，百合花迎来了它生命中最重要的一刻，当她迎风怒放在峡谷中、盛开在野草丛中的时候，她证明了自己的价值和意义。在刚刚盛开的百合花瓣中，沾满了晶莹的露珠。当其他野草都以为这是早晨的水雾时，只有百合花知道，那是自己喜悦的泪水。

从那一天开始，峡谷里出现了越来越多的百合花。于是，人们都叫那里为百合谷。

由于百合花高雅纯洁，有着非同寻常的命运，人们把她视为马利亚：她清纯、温柔、顺服、谦卑、忍耐。百合花的传说就是马利亚的经历，她的花语就是纯洁。宗教圣地梵蒂冈则以百合花为国花。

在信徒心中，马利亚的形象之所以经久不衰，因为她像百合花一样，是平凡而伟大的象征。

有百合花一样品德的人，具有清纯天真的性格，崇高的信仰，追求圣洁，坚守自我，抵抗诱惑，保持不被污染的纯洁性。

随着生态平衡不断被破坏，干旱地区雨水更加少了。在以色列，很多的山谷变成了干谷，不再流淌清澈的小溪，不再盛开洁白的百合了……

在物欲横流的今天，拥有百合花品格的人也越来越少了。

啊，清幽绝伦的百合花，我期待着涌现出越来越多拥有百合花品格的人，来影响更多的人，扭转社会的风气；渴望拥有百合花品格、内涵的书，净化人们的心灵，滋润干渴的心灵。

加利利海

广大智慧的心

走进耶路撒冷，所罗门的名字映在圣殿上、哭墙上，响彻锡安山。虽然，他带领以色列人修建的圣殿被毁了，城墙也没有了踪迹，但他的智慧却通过箴言、诗歌等不朽的文字，被收录进《圣经》里。世界上有三分之一的人读过他的经典之作，由衷地敬佩他。有形的城墙没有了，但无形的资产——智慧，这一宝贵财富，留给了后人，千古传颂，经久不衰。

据说，所罗门作箴言 3000 句，诗歌 1005 首，他还通晓植物学、动物学等知识，名声传扬四方。一个国王日理万机，还能写出这么多箴言、诗歌，真是智慧超群。

他写的箴言充满了哲理智慧，对生活的方方面面都具有指导作用。他在箴言中写道：智慧之子，使父亲欢乐；愚昧之子，叫母亲担忧；不义之财，毫无益处；唯有公义，能救人脱离死亡；智慧人积存知识，愚妄人的口，速致败坏；通达人见祸躲藏，愚昧人前往受害……这些智慧的言语流传千古、生生不息。

所罗门还花费了七年的时间，建造了一座雄伟壮丽的耶和华圣殿，即第一圣殿。用香柏树包上石头，又包上精金作为建筑材料，全殿从里到外，都贴上金子。纯粹的金子，使人感到炫目，那真是一座名副其实的金殿。

我们现在看到的耶路撒冷圣殿的地基，就是所罗门最早建造圣殿的地基。

史料记载，当时耶路撒冷的银子多如石头。我 2008 年到了以色列，看到这里山上山下到处是石头，简直就是一个石头城。这里的建筑全是石头砌成，天然的石头信手拈来，结实又环保。如果银子多如石头，可以想见当年的耶路撒冷多么富有。所罗门既是物质上的富翁，也是精神上的富翁。何也？因为他拥有广大的心。

广大的心是远大的志向加宽广的心胸，是海纳百川的胸怀，包容、豁达。一个有智慧的人，除了聪明与知识还不够，还要有广大的心，这三样加起来才是一个真正智慧之人。

广大的心是智慧的祈祷。所罗门的祈祷是有智慧的，广博而远大，而不是狭隘的、愚蠢的，只满足于眼前利益、既得利益。他只求智慧，其他什么都不求。这智慧不是小聪明，而是高智慧、大智慧。

有知识的人，不一定有智慧。卧轨自杀的著名诗人海子，从楼上跳下来的博士胡河清，自缢身亡的女作家三毛，都是才华横溢、有知识、高学历的人，却走上了不归路。真正有智慧的人，是不会选择这条道路的。

广大的心是宽广的心胸。古人云："宰相肚里能撑船。"我说智慧人心里能装天下。而"狭隘与嫉妒是心理的顽疾"。风流倜傥的周瑜，年轻有为，却因气量狭小，发出"既生瑜，何生亮"的感慨，英年早逝，令人扼腕叹息。

广大的心是远大的志向。志存高远的人，不会被眼前的困难所羁绊，不会因纷纷扰扰而丧志。目标在前方，一往无前。为人类崇高理想，造福人类的美好福祉而努力。他们谋事有大略，行事有大能。他们是光，照亮黑暗；他们是盐，调和人际关系。

广大的心是谦虚与仰望，而不是自高自大，狂妄骄傲。正如康德所说："灿烂的星空，心中的道德。"

所罗门文韬武略，财宝与智慧胜过天下的列王。列王听说所罗门的智慧，就差人来听他的智慧话。人们从四面八方，跋山涉水，带着金、银、香料、骡马等前来朝见。可想而知当年圣殿前的景象，当是车水马龙、门庭若市。也是从那时起，所罗门鼓励百姓经商，使犹太人经商的意识根深蒂固。

遗憾的是，好景不长。所罗门以婚姻做政治同盟的手段，宠爱许多外邦女子，并受她们诱惑，于是灾难从天而降。

从那以后，以色列饱受了一次次的劫难，圣殿一次次被毁被践踏，以色列人被赶出家园，流浪到世界各地。应验了最美之后必然是最沉的黑暗。

从这个小小国家和所罗门王身上，我们看到了什么？应当吸取什么教训？当犹太人寻求智慧与正义时，国就强盛富足，民就安居乐业。否则，就受外族欺负，流离失所，甚至丧失生命。只有回归伊甸园，才能恢复广大智慧的心。

耶路撒冷老城的一段城墙

小园香径独徘徊

下榻橄榄山宾馆后，下午没事，我们六人便沿着陡峭的山坡下行，信马由缰。狭窄的小路两旁不是坟墓就是高墙。用石头垒的院墙高高，什么也看不见，很像旧中国的高门宅院、庭院深深，森严壁垒。不知不觉走到一小园处，从狭窄的小门进入，眼前一片晴朗，一片葱绿，方有“柳暗花明又一村”之感。

小园不大，却是花草盈地，树木森森。一排排古老的橄榄树吸引了我的视线。古老的大树，一看就有千年的风霜。树干已枯槁，裂缝深深，用木杆支撑着。往上看，却是枝繁叶茂，越往上越繁茂。丰郁的绿树，结满了果子，还发出了许多新芽。

哦，橄榄树，梦中的橄榄树，你真是与众不同，看似枯萎却生机勃勃，顽强不屈。

在小园里独自徘徊，我闻到了特有的芳香，那是新生命的芳香。

传说两千多年前，曾经有一个人经常到这里来，在这里祈祷默想。被出卖的前一日，他在这里忧伤满怀、警醒祈祷，通宵达旦，他就是耶稣。这个小园就是著名的客西马尼园。

客西马尼园是榨橄榄油之地，坐落在耶路撒冷以东、汲沦溪谷旁、橄榄山西坡上。

为了纪念耶稣，小园里建起了一座教堂，用金黄色的石头建造，没有镶金戴银，没有华丽的雕塑，却很独特。教堂正面是人字形，上面画的是彩色的图画，画着耶稣和门徒，穿着长袍马褂。堂前四根罗马柱，立着四福音书的作者雕塑：马可、马太、路加、约翰。两侧是16个拱形圆顶，仿佛波浪一样，蓝色的墙壁像大海。庄重古朴中透着流动活泼，动中有静，静中有动。

走进客西马尼园万国教堂，幽暗寂静，仿佛耶稣被出卖那一夜的光景。耶稣的肖像挂在正堂前方，他慈祥温柔地望着众人，目光充满爱怜与慈祥。

教堂里正在做礼拜。穿长袍的牧师手捧《圣经》在主持，声音轻柔，神情淡定。流畅的希伯来文，一句也听不懂，但我知道他在说着与《圣经》、与耶稣有关的事情。

木格窗是高大的半圆形，玻璃的颜色全是蓝色，在阳光的照耀下，蓝宝石般晶莹剔透。那种蓝，是用语言无法形容的蓝，无与伦比，令人心醉，据说叫萨特尔蓝。这种蓝出现在这里，让人不由自主地想起蓝天大海。

在教堂正面左下角，一块巨大的石头吸引了我的视线。这块石头在《圣经》四福音都有记载。耶稣被出卖前，带门徒上了橄榄山，进入客西马尼园，就在这块石头旁跪下祈祷。

那天是逾越节，一轮明月照耀大地，从各乡来过节者所搭帐篷的城邑，已寂然无声。

门徒都睡着了，只有耶稣一个人独自在祷告。对于第二天就要走上刑场、走向十字架的耶稣，那一个晚上，痛苦中的他多么渴望有人同情，又是如何难熬和漫长？那是耶稣短暂33年生涯中最黑暗的一天。

耶稣的汗一滴滴落在石头上，园中的一棵棵橄榄树，是他极大痛苦的见证人。从多叶的树枝上，落下露水滴在他憔悴的脸上，好像自然界也在为耶稣洒下同情之泪。

第二天，他从痛苦中站起来，高昂起头，以镇定沉着的姿态，扛起十字架走向苦路，走向各各他山……

在客西马尼园的小径上流连、徘徊，我仿佛听到耶稣的祷告，我仿佛看到耶稣跪在大石头旁，身体俯伏在石头上痛苦万状……此时此刻，耶稣的博爱精神离我最近，让我感悟最深。

如今，两千多年过去了，物是人非，沧海桑田。洒满耶稣泪水的大石头仍安在，建教堂时，被完整地保留了下来。客西马尼园——一个普通的园子，因为一个人的献身而成为圣地名扬天下，前来瞻仰的人络绎不绝。

俄国作家陀思妥耶夫斯基说："只有当你真正成为一个人的弟兄时，博爱才会实现。"耶稣受难时，甚至没有得到门徒的同情和祈祷，但他丝毫没有因此减少对大众的爱，包括那些令他失望的门徒，那么我们有什么理由抱怨世道的不公和朋友的不忠呢？

耶稣的博爱精神离我最近，博爱情怀被我体会最深。

流泪的哭墙

"哭墙流泪了。"这是2008年,我去以色列之前,在网上看到的一篇报道。19米高的哭墙石缝里,流下长泪,把大块石头都阴湿了。

原文是这样写的:"2002年的一天,在耶路撒冷的哭墙处。突然,在哭墙男、女朝圣区分界线的地方,从一块巨大石砖的缝隙里流出了水滴。在墙上留下一块长30厘米、宽10厘米的明显水渍。这使在场的所有人目瞪口呆——那堵被称作哭墙的墙,竟然真的哭了!尽管圣殿山的管理官员解释说,那些水滴可能是从装设的一条水管流出的。但一位专家指出,若是正常滴水,应该会蒸发,不可能扩散。于是,哭墙流泪一事被列入世界十大神秘事件之一。"

哭墙为什么会哭?

屈指算来,哭墙已经两千多岁了。这位饱经风霜的老人,虽然历经磨难,却坚定刚强,没人看到它流过泪。然而2002年,她真的流泪了。老人为何而哭?

哭墙是耶路撒冷的一大特色景观。三千年前,所罗门王在锡安山上建了一座华丽的金殿,即第一圣殿,后被巴比伦军队所毁。第二圣殿是希律王所建,被罗马军队摧毁。哭墙是守护圣殿的一堵西墙。

到耶路撒冷的第一天,等不得会议安排,我们几人就直奔哭墙。

从橄榄山一路下来,经过狮子门,穿过阿拉伯人居住的老街窄巷,但见商店林立,十分拥挤。

敢来以色列的人,胆量已经相当可以,但也不免有些战兢,生怕突然有炸弹轰响，防不胜防。

从橄榄山去哭墙，必须穿过阿拉伯人居住区，经过检查站。荷枪实弹的检查员对每一个人严格检查，比出国境、乘飞机检查还要严，背包里的东西要倾囊而出。隔离墙不仅隔离了居住区，也隔离了彼此应该相爱的心灵。

第一次来哭墙，才知男女要分开，中间有栅栏隔开。男士必须戴帽子。没戴帽子者，有纸制的小圆帽送给你。女士大多围着长长的围巾，把头全包上，只露出黑艳艳的美丽的眼睛。离开时，要面对哭墙倒着出去。

络绎不绝的犹太人，双手趴在哭墙上，脸贴在墙上，或哭泣或祈祷。哭完、祷完，后退在一排排凳子边上，或站或坐，继续读经、唱诗；哭墙两侧有书架，上面摆满了书。

哭墙对罗马帝国来说是“胜利”的见证，征服者的纪念碑。对犹太人来说则是屈辱、悲愤的象征，还有血雨腥风中无声的呐喊和哭泣。它见证了一个民族千年的悲欢离合，倾听着无数信徒的心声。

追根溯源，历史上没有一个民族像犹太人一样在外流浪两千多年，没有家园，寄人篱下。穷了让人瞧不起；富了，让人嫉妒、排斥。二战中，犹太人遭到的凌辱、屠杀，亘古未有，使他们强烈意识到，必须有自己独立的主权国家。

1948 年，分散在世界各地的犹太人不约而同回归以色列。回到了家，却没了自己的圣殿，只剩下残垣断壁，他们能不大哭吗？

目前在世界各地的犹太人还有很多，无论什么时候，无论在哪里，只要一想到哭墙，想起家乡，他们就泪涌心间。每次回家，都要来哭墙上痛哭一场，以寄托他们的悲情和游子思乡的复杂心情，还有虔诚的盼望，盼望大君王弥赛亚来拯救他们。

他们的盼望是饥渴的，情真意切的，笃信不疑的。无论是唱诗，还是祈祷，他们都认认真真，完全投入，绝不是走形式给人看。惜墨如金的犹太人，酷爱学习，钻研业务，绝不会为了形式主义而浪费宝贵的时间，更无需附庸风雅，装装样子给人看。

哭墙，你凝聚了犹太人太多的悲情、伤逝、期盼，已久的渴望与梦想，人生的窘迫与尴尬，以及对信仰的虔诚与膜拜。

贴近哭墙，我仿佛听到了朝圣者共同的心声：噢，我昨天的梦，今天终于站在了耶路撒冷这遥远而美丽、神秘而深邃的城墙边。

站在 19 米高、百米宽的哭墙下面，人显得极其娇小。靠在哭墙上，就像靠在父亲宽广的胸膛上，感受到博大与慈爱。如同浪子在外漂泊多年，回到父母温暖的怀抱，回到了家。

哭墙流泪是因为它承受不了犹太人太多的眼泪。不，不仅仅是犹太人的眼泪，凡是来到哭墙下的人，包括我在内，只要想倾诉，想求得心灵的安宁，都会不由自主地流下泪来。

耶路撒冷哭墙

苦路

苦路环绕老城。

老城很小，方圆不到一千平方米，却浓缩了以色列几千年历史的沧桑，见证了它的兴衰成败、是非功过，留下了大量史诗般的见证，回响着穿越时空的绝唱。

2008 年 10 月 8 日下午，自由活动半天，我与同伴去寻找苦路，走苦路。

刚出狮子门，巧遇广东、浙江的几位游客，便结伴而行。如果不是他们引路，我们还真不知苦路、各各他山、空坟墓的位置在何方。

苦路，紧挨着哭墙。从哭墙穿过哨卡就进入了苦路。从狮子门、雅法门也能到苦路。苦路，很长，一直通往各各他山，也叫骷髅地，是执行死刑的地方。

刚走不一会儿，就来到鞭刑堂，据说是耶稣受鞭打刑罚的地方。站在门口，我仿佛听到一声声鞭响。

走进公会堂，是当年本拉多、希律王审判耶稣的地方。耶稣被审判时站过的大石头上留下了深深的脚印。一批批朝圣者都要来此一站，站得人多了，石头被磨得光亮。

进入苦路，毫无修饰保留着原样，真切、具体，让人有一种历史重现的感觉。狭窄的街道，阴森幽暗，用大石头铺筑。那石头块很大，经过千年摩擦，光滑而又高低不平。弥漫着阴湿的气味，仿佛行走于窑洞隧道。路两边是阿拉伯人开的各式商店，吃的、穿的，沿街而摆，拥挤、热闹。

苦路很长，要穿过阿拉伯人居住区。两边的老房子都是两三层高，清一色的石墙，敦实厚重。一条条岔道与苦路相连，有点像上海的里弄。脚下磨得发滑的硬石，幽幽反射出远处高墙上的街灯光。两边的高墙靠得很近，露出窄窄的天空。

苦路，是一条苦难之路。从第一站，耶稣被判死刑，到钉死在十字架上，受死、埋葬共有 14 站，是传说中耶稣被押往各各他山遇害的路线。

沿着苦路往前走，一堵墙上有一个大手印很深很大，是耶稣的手印。我眼前仿佛出现当年耶稣背负沉重十字架，在苦路上受罪的情景。他走得好累好累，十字架压得他喘不过气、直不起腰。实在走不动了，手按在墙上稍微休息一下，就留下今天这个大手印。

往前走，地上有一个坑，导游说是耶稣跪过的地方。我仿佛看到耶稣满身是血和鞭痕，几乎无法再背十字架。于是，他三次跌倒，在地上留下深深的印痕。他的血一滴一滴落在石板路上。有一个叫西门的人从乡下来，替耶稣背十字架，许多百姓跟着耶稣。耶稣的母亲和妇女们为他号啕大哭，耶稣转身安慰她们说："不要为我哭，当为自己和你们的儿女哭…… "

我们的脚步越来越沉重，几乎迈不动。不去苦路，真的无法体会。

站在各各他山上，遥望骷髅地，只见断面的山坡上，岩石上三个黑洞，酷似骷髅，难怪此地叫这么个名字。耶稣就是在这里，被钉在十字架上。

当我抬起忧伤的眼睛再度望去，突然眼前所有的光景都已转变，眼前一片玻璃海，光彩辉煌。我看到一群天真无邪的孩子，唱着美妙的歌声，仿佛天使在歌唱……

高尔基说："苦难是任何一个杰出人物的命运。"

泰戈尔说："苦难可使人变得崇高。"黑暗过去就是黎明。经过苦难，才能体会快乐的宝贵与甘甜。经过旷野的磨难、火的试练，进入荣耀之地。但愿走过苦路的每一个人都能感受到崇高，变得崇高，哪怕这只是心灵深处一闪而过的念头。

泰戈尔还说："苦难也可以使人变得乖戾。"但愿走过苦路的人都能舍弃心中的仇怨，把自己所经受过的苦难，化为人生旅途上的鲜花与微笑，成为别人的祝福，并伴随一生。

感受赎罪日

2008年10月我们来到以色列时，正赶上犹太人的新年、住篷节和赎罪日，心中不免暗暗庆幸。

10月9日是犹太人赎罪日，历时3天。从头一天的下午开始，他们便停止了一切工作，商店关门，工厂放假，学校停课，禁食三天，祷告、唱诗、哭诉、忏悔、赎罪。街上看不到车辆行驶、人来人往。走到哪里都像黎明前般静静悄悄的，一派万人空巷的场面。何等虔诚，何等执着！犹太人就是这样。

赎罪日那天，哭墙前的情景尤为壮观，令人难忘，让人震撼。

8日傍晚，我又来到哭墙，万头攒动的场面使我震撼。

来到哭墙，已是暮色苍茫了，远处的山，近处的圣殿都笼罩在玫瑰色的夕阳里，哭墙披上了金色的薄纱，教堂的钟声在晚风中回荡。

犹太人身穿白衣，肩披白纱，头戴礼帽、圆帽，蜂拥而至，涌向哭墙，从远处望去，白花花一片，犹如大海泛起白色的波浪。

他们有的趴在哭墙上哭、祈祷，有的站在小桌旁读经、唱诗，有的一帮一帮围在一起，唱着不同的诗歌。他们用希伯来文说唱，我一句也听不懂。歌声此起彼伏，一浪高过一浪。他们一边唱着，还前后摇摆着身子，旁若无人，专心致志。哭墙前的小广场，成了唱诗的海洋。

我也汇入唱诗的人海，再一次走向哭墙，把身体紧紧贴在哭墙上，倾听哭墙无声的诉说，感受犹太人虔诚的祈祷。那一刻，我的忏悔好像找到了源头；我的情感仿佛找到了归宿，无比的安宁。

透过栅栏的缝隙瞭望过去，男士朝圣区那歌声，那虔诚，那神情，深深打动了我的心。哭声、读经声、赞美声，响成一片汇于墙下，形成波涛的海洋。一个民族在这里尽情倾诉千年的压抑与悲伤，个人的、民族的、国家的痛苦，在这里得到彻底的宣泄与释放；认真检查自己的言行，认罪反省，痛改前非。在这里，虔诚散发着人性最善良的光芒。

哦，哭墙，你凝聚了犹太人太多的悲情、伤逝、哀怨、期盼。无家可归的心灵，凝聚已久的渴望与梦想，人生的窘迫与尴尬，以及对信仰的虔诚与膜拜。

相比之下，我们却无处倾诉，无处发泄，夹着尾巴做人，憋得喘不过气，还要打肿脸充胖子，活得虚伪、太累。

难道我们不需要赎罪吗？不需要赎罪后的反思、清醒吗？我相信赎罪日的哭墙下没有虚伪，有的只是忏悔，倒空自己后的欣慰，战胜了阴暗心理的光明。

犹太人的成年礼也是在哭墙下举行。男孩子到了13岁就要举行成年礼仪式，在哭墙下念《托拉》，母亲向他们抛撒糖果，庆祝他们成年，成年意味着要担当起责任。

犹太人为什么要守赎罪日呢？《圣经》记载，耶和华晓谕摩西带领以色列人浩浩荡荡出埃及后，为了保持这个民族的纯洁性，远离罪恶，为他们设立许多律法，其中一条就是守赎罪日。

犹太人严守律法，三天不吃不喝，停下一切工作，深刻反思，祈求把内心的污秽倒空，脱胎换骨，重新做人，达到赎罪的目的。

这就是“另类”的犹太人，他们善于从骨子里反思、悔改，有种“咬定青山不放松”的执拗精神。认定的路他们就会走到底，绝不回头。

按约定的时间我不得不离开哭墙。当我要离开时，哭墙像吸铁石一样吸着我的心，几次离开又回来。哭墙，像父亲博大宽广的胸怀，使人眷恋。

离开以色列很久了，但哭墙已经筑建在我心里，巍然高耸。想到哭墙，我就想起犹太人的赎罪日，赎罪日的忏悔，忏悔的虔诚。赎罪日已经成为犹太人一个约定俗成的节日，一个自我反思、检讨、洗心革面的特殊日子，愿这样的反思使人们不断修正自己的行为，走向完善与美好。

哭墙虽然树立在我心中，但却没有成为我心中围堵情感的堤坝，反而打开了我心中的千千结，拆毁了思想局限的栅栏，拓宽了我的精神视野与境界。在哭墙下流过泪水的我，变得坦然而自信，平安而快乐。

赎罪日犹太人在哭墙前

阱　眼

走进以色列犹太大屠杀纪念馆，我的心就布满了阴霾。

纪念馆坐落于耶路撒冷城西的赫哲山旁，呈一字排开深入地下，外形为棱柱体的三角形结构。尖尖的房顶，像一把尖刀扎在犹太人的心上，使他们永远为死难者心痛。

纪念馆的塔尖是透明的玻璃。据说纪念馆的三角形代表以色列国旗——大卫之星的下半部，以纪念因大屠杀而死去的全球半数犹太人。展览厅是对称的，中间一条长廊将两边分开，无论你走到哪个展区都要经过长廊，都能看到一条细长的天窗、头上的天空。

天空意味着自由和希望之光。看到头上的天空，心里会感到自由。

以色列总统摩西·卡察夫说："纪念馆是全人类的一块重要路牌，一块提醒仇恨与谋杀及种族主义与种族灭绝两者之间的距离有多么短的路牌。"

幽暗的放映厅内，黑白照片剪辑的纪录片，再现了犹太人被屠杀前在欧洲无忧无虑幸福生活的画卷：犹太儿童天真烂漫的笑脸，读书与弹琴；时髦的发型、服饰、舞会、聚餐，灿烂的笑容；哥特式教堂、虔诚的祈祷，红砖别墅，奢华的婚礼，生活浪漫而温馨。然而，他们做梦也没想到，罪恶的魔爪正悄悄伸向他们，希特勒的屠刀，正向他们举起。如果他们知道黑暗马上就要降临，死亡威胁在即，他们会采取措施，尽快逃亡，绝不会束手无策，任人宰割，600 万条生命死于非难。在法西斯手下，人的尊严荡然无存，与小鸡一样可以随意大批宰杀，甚至不如小猫、小狗的命运。

如泣如诉的音乐，一幅幅生动的画面，将人们带回那个黑暗恐怖的年代……让我不寒而栗，感到透心的冰凉。

给我印象最深的是最后一个展厅“名人堂”。进入“名人堂”就进入了最令人震撼的“遇难犹太人姓名和照片展示厅”。

圆形的房间里，所有墙壁上挂满了被杀害的犹太人的照片和名单。有几岁的儿童，也有白发的老翁。他们是那样美丽：卷曲的黑发、欧式的黑眼睛、高高的鼻梁，穿着各样漂亮时髦的衣服。从服饰打扮上，就可看出他们生活的富庶与温馨，一派贵族气息。一个个人物微笑着凝视着你，而他们都是大屠杀的受害者，令人惋惜、感叹。照片旁边还有许多档案柜，里面装着死难者的资料。

据纪念馆工作人员介绍，在这个展厅，读完一遍遇难者姓名及简单生平，需要6年7个月的时间。这些照片和资料，揭露了一个典型的罪恶，提醒所有人记得当年的黑暗，永远对法西斯幽灵保持警惕。

房屋中间是一个大圆坑，很深，像一个大水井。井底是一只大眼睛，好大好大的眼睛，黑黑的瞳仁，圆圆的眼睛灌满了井底。这只非同寻常的眼睛，瞪得大大的，凝望着你我，看了有些发瘆。那是死不瞑目的眼睛，注视全世界前来参观的人，美得叫人心疼。600万无辜的生命啊，都凝聚在这只眼睛上。凝望这只眼，我的心立刻沉沉地，盛满了眼泪。这只眼深深地刻在我的心坎上，无法忘怀。

望着这只眼睛，我仿佛看到一个个因冤屈而不死的灵魂，他们遥望家乡，灵魂盼望回归本土，也象征着善良的人们一旦掉进恶魔法西斯的陷阱，在劫难逃，万劫不复。提醒人们不要忘记过去。警示后人不要忘记这沉痛的惨绝人寰的历史悲剧。

那只阱眼像羊的眼，温柔、哀怨、惊恐，是善良的羊看到恶狼扑来，来不及逃生、反抗时无奈的眼。希特勒就是那穷凶极恶的恶狼，犹太人就是那温良、文明的小羊。当善良遭遇恶煞，文明遭遇野蛮，是不能用人类的良知，在同一个层次对话的。

那只阱眼寄托了犹太人对死者无限的思念。不用鲜花，因为那会凋谢；不要蜡烛，因为它会熄灭；就用眼睛，只有它能代表不死的灵魂，代表永恒的追忆。

我曾看过《辛德勒的名单》这部电影，对当时的社会背景更加了解。法西斯的残酷是个人野心膨胀、变态心理、宗教情结以及当时德国社会危机等综合的结果。犹太人文明而有教养，手无寸铁，怎抵他狼嚎呼啸的杀人狂？

痛苦之火烧到他们的生命深处，正如滚滚波涛自大海款款而来，以新的意志、信仰的力量浸润生命的港湾。正如余秋雨先生所言："对生命的真正感悟，是处于绝境的人对生命整体荒漠的体验。"这种绝境不是生老病死，而是被放逐、撕裂、灭绝。犹太人经历了这一切，才有了彻骨透心的灼热与冰冷，才知荒漠甘泉的宝贵。

值得庆幸的是，德意志终于鼓起勇气，在首都柏林市中心也建起了犹太人大屠杀纪念馆，以永远牢记这一切，它标志着德国真正直面历史的开端。

站在大屠杀纪念馆前，我思想整个人类的苦难。大屠杀不仅是犹太人的悲剧，也是人类的悲剧，是整个世界的一次重要经历，是全球人权宣言背后的动力。血的教训必须吸取。展示苦难是为了更好地敲响警钟，提醒人们不要把历史遗忘。但愿这样的悲剧不再重演。

有些人对犹太人宣讲、展示他们的苦难不以为然，甚至讽刺。是的，很多民族都受过不少罪。然而，"忘记过去，就意味着背叛"。我们不能一味地向前看，陶醉于祖宗业绩的辉煌，沉湎于"古已有之"的自慰。在思考犹太人的苦难的同时，也要思考中国人曾经的苦难，整个人类的苦难。

参观结束后，我们向死去的 600 万犹太人敬献了花圈，以悼念那些无辜的灵魂。

走出纪念馆，长长地舒了一口气，清新的空气沁人心脾。然而，那只又黑又大的阱眼，一直望着我，望着我，深深印在我的脑际，无法忘却、挥之不去……

漫步墓园

一

九月的耶路撒冷，天晴气朗，阳光在橄榄树梢轻盈地舞蹈。

坐落在耶路撒冷老城墙外的陵墓，与圣殿一墙之隔，墓群云集，一片片。尤其是圣城的东门外、城墙下、橄榄山对着东门的山坡上，密密麻麻的墓碑一个挨一个，拥挤于狭窄的空间。

刚到那天，因没有会议，我们几人便信马由缰，由下榻的宾馆所在的橄榄山顶顺山而下。

不知不觉步入墓园。我发现，这里的墓碑不是立起来的，全是躺着平放的，就像一排排整齐摆放的书。传统犹太人，一袭黑衣，或西装，或长袍，在墓地中或蹲或站，思考问题，或捧书而读，旁若无人，仿佛这里不是阴森森的墓地，而是图书馆、阅览室。在国内的墓地，还从来没有见到这样的情景。不忍打搅痴心读书的犹太人，我们只在墓地边上漫步、观看，甚感稀奇。

图书馆、教室、家中、大树下、小河边，看书的地方太多了，他们为何选择在这里看书？我想在这样特殊的地方读书，应该不受外界一点儿干扰。

其实这里正是后人静坐、敬读的好地方。因为这里是许多文化人的终点，智者的归宿处。在这里读书，既可与一流的大师心灵对话，又可对人生进行深刻反思。常到这里来的人，即便不读书，也会使生死观、人生观发生改变，变得更健康、更加热爱生活，改变以往的想法，把名利金钱看得淡一些。许多平日想不通的事，到了这里也会茅塞顿开，豁然开朗。

漫步墓园，我想起一个自尊、要强，具有反抗精神的娇小女子简·爱说的经典名言："虽然我穷、不好看，但我们的精神是同等的，正如同你和我都将穿过坟墓，站在上帝面前。"当人们冲破尘世一切的名利、地位、欲望甚至死亡的网罗时，才会到达永恒快乐的家园。

我喜欢漫步，喜欢那种悠闲自得、与自然亲近的怡情。海边、山坡、小溪旁、树林里，漫步的地方很多，只要在自然的怀抱里，心中就惬意无比。只是苦于没有时间，没有知音。但是从来没有想在阴森的墓地漫步。除了名人的墓地拜谒一下，其他墓地我是躲之不及的，怎么有闲情逸致跑到中东地区的墓地漫步？

这里的墓园，没有阴森之感，反而已经变成一种文化，由死亡文化转变为生存文化、信仰文化，折射出希望之光。墓园环境优雅、自然，就像城镇花园，居民不仅在纪念日来缅怀亲人，平时散心也是个好去处。

二

从橄榄山的墓地，我又来到了另一个非同寻常的墓地。这个墓地不是普通的墓地，是一个大花园。花园里只有一个坟墓，而且是空的。

空坟墓，被称为圣墓，坐落在约瑟花园里。这是一个神圣而安静的地方，位于一个葡萄园内，坐落在各各他山刑场附近的山下。1970 年，考古学家凯瑟琳曾说："它是一个典型的公元一世纪的坟墓。也就是说，它与耶稣的诞生、死亡的时间相吻合。"

耶稣受死后被埋葬在这里。虽然他被当作罪犯而处刑，没有享受正常的葬礼，但他的遗体还是埋葬在一座最高贵的坟墓——空坟墓里。

空坟墓是断臂悬崖下一个山洞，洞口不大，像一个门。从门进入，里面是一个长方形的洞，像一座小房子明亮而宽敞。洞口的中间像一扇窗户，把"小房子"分成两部分，外面可容纳几个人站立，里面有一个天然石床，据说是安放耶稣的地方。床上是空的……

空坟墓内外，游客、信徒云集，鲜花盛开，绿草如茵。丝毫没有刑场、坟墓的阴森恐怖，却是花香满园，宁静温馨。

来自世界各地的信徒，一帮一帮聚在一起，读圣经、唱诗歌、祈祷、吃圣餐，那情那景，让人处处感到虔诚的气息。

耶稣圣墓的秘密并不在于它的显赫，而在于它是空的，留给人无限的遐想、思考空间，同时，这里也是信奉耶稣的人死里复活的起点，新生命诞生、更新的出发点。

耶路撒冷耶稣的空坟墓

黑暗中的光明

行走在以色列大街小巷，经常能听到孩子们“China, China, how are you?”的热情问候，看到一张张友好的笑脸。没想到中国人在中东地区大受欢迎。去以色列之前我还心惊胆战，生怕遭到冷遇或非难。因为中东是非不断，时好时坏，像初春的天气时冷时热，乍暖还寒。

开始我还以为是北京奥运会在中国的成功举办，赢得了世界，赢得了外国人对中国人的好感。然而当我参观了以色列犹太大屠杀纪念馆，我对他们的友好恍然大悟。以色列人对中国人的友好，有着深厚的历史渊源，带着深深的感恩情结。

平日，看惯了国人的脏乱差，听腻了贪官腐败，经常感叹世风日下，人心不古，然而，在参观犹太大屠杀纪念馆时，当听到讲解员说二战中中国人如何接纳逃难来的犹太人时，我的头转向东方，转向我的同胞，在心里向他们致以崇高的敬意！

二战中，中国正经历被日本侵略、欺辱的悲惨岁月。在欧洲，希特勒的屠刀向犹太人举起，疯狂凌辱、屠杀，数百万条宝贵的生命处于危难之中。当时，犹太人想方设法逃亡世界各国，大部分国家都板起冰冷的面孔，将他们拒之门外，有的国家甚至把逃去避难的犹太人关进了集中营，使处在生死关头的犹太人尚存一线希望的心变得绝望。而中国，我那生活在水深火热中的同胞，毫不犹豫地接纳了他们。当讲解员说到“China”时，许多中国人流下了眼泪，一个福建来的女孩哭得泣不成声……

也许是同病相怜，身处苦难更能体会苦难者的处境，不，是炎黄子孙骨子里的善良，我们的先辈做出了让全世界敬佩的举动，接纳并保护了大批犹太逃亡者。许多犹太人从海上、从陆地涌到上海、天津等地。上海的一个同胞还写信给犹太人，表示诚心诚意接纳他们。善良的中国人民，冒死搭救犹太人的事迹，催人泪下，感人至深。人性的力量是巨大的，正义与和平是每一个有人性之人的共同心愿。

上海虹口唐山路一带不起眼的老房子，近来变得不寻常。年年有从世界各地远道而来探访的犹太人，他们扶老携幼，流连忘返，深情、虔诚地寻访他们当年的“挪亚方舟”！

上海沦陷之后，日寇与希特勒，也曾策划灭绝在沪犹太人。有两条犹太人居住最密集的弄堂，一度被日本人将前后出口焊上铁栅门，禁止他们出入达一年之久！被困在弄堂里的两千余人，最后大部分都奇迹般地活了下来。是居住在周围的上海市民，路见不平，扶危济困，接二连三地采用“空投”方式，将面饼等食物掷过房顶，救济他们，使犹太人渡过难关，生存下来。上海因此成为东方的“挪亚方舟”。

1976 年，唐山大地震，以色列慷慨解囊，一次捐款一亿元。在以色列犹太大屠杀纪念馆纪念碑上刻着：“永远不要忘记中国人！”以色列教科书上记录着中国人解救犹太人的历史事件，传承着他们对中国人的感恩之心。

在以色列街头，你尽管大声宣布自己是中国人，或是干脆说自己是上海人！你会发现，素昧平生的以色列男女老少，请你到他家去喝茶吃饭的都大有人在。

中华民族善良的一面，闪烁出最明亮的光辉，彰显了最美的德行，照亮了那个黑暗的年代。自己没饭吃，也要收留求救者，自己有一碗饭，也要分给难兄难弟半碗。

患难之中见真情。在世界民族之林中，中国人这一伟大的举动，让我们神州大地的百姓骄傲自豪，那是黑暗中的光明，照亮犹太人惊恐万状的心，给他们一个避难所，一个脱离死亡，走向光明的一个机会，这机会失去了，再也不会有，因为人的生命只有一次。一次光明的机会，带来的是无数个希望；一个生命的保存，换来无数条生命的诞生，使犹太民族生生不息，延续至今。

富有者施舍、搭救是一种美；贫穷、受人欺压，仍能施舍、给予，这才是一个民族真正的高尚与高贵。抗美援朝、支援非洲等都是在中国贫困情况下所为。乐善好施、怜悯之心与富有、贫穷没有直接关系，而是一个民族、一个人内在光辉的充分体现。诺贝尔和平奖得主德兰修女，她的机构拥有上亿元的资产，却一生过着贫穷生活，她把自己的一切献给了穷人、病人，她的心充满了悲悯情怀。而多少有钱人，挥霍无度，纸醉金迷，却“穷”得只剩下钱了。

地中海的阳光格外明媚与温暖。会议间隙，许多人来到院中草坪上享受上天的恩赐。

那天，在耶路撒冷拉杰饭店，会议休息间歇，我也来到院中的草坪上晒太阳。一对父女向我走来，我们攀谈起来。本以为他们是中国人呢，无论是语言还是长相，都是地道的中国人。当那个男子递上名片时，我才恍然大悟。上面清清楚楚写着：“河南开封犹太人。”上面还印着以色列国旗，他的女儿已送回以色列老家读书。原来他们是犹太人后裔，是与中国人通婚改变了模样的一帮人。我曾在报纸上看过报道，陕西、山西一带，有的整个村庄的人，长得仍是犹太人的样子，高鼻梁、深眼窝、黑眼睛。他们是没有与中国人通婚的一帮人，保持着犹太人的原汁原味，本来面目。

如果不是此次的中东之行，我对中国人的“偏见”很难改变，也许是我看的负面报道太多了。从中东回来以后，我对国人多了一份敬意、一份佩服，少了一种成见、一种鄙视。中华民族的中庸之道、君子之道，塑造了炎黄子孙独有的人格与处事方法，是中华古老文明没有衰退、中断之根源，是中华民族生生不息、源远流长的泉源。在四大文明古国中，其他文明古国早已如流星陨落，唯有中国这颗巨星依然闪烁光芒，这里有其深刻的内核。

如今，中国与以色列两国的合作关系发展已拓展到文化、科技等众多领域。两国的价值理念、精神追求有许多异曲同工之处，在患难中建立的友谊，更加深入。尤其是文化交流，可以看到深层次的、思想深处一些东西的相互学习。文化如水，润物无声。文化，滋养着一个民族的灵魂。

愿文化插上爱的翅膀，飞翔在世界的每一个地方；让爱之光照亮更多人的心灵，爱的暖流注入冷漠的心；愿博爱文化像黑夜中的灯塔，照亮各民族前进的航线，引领生命航船找到前进的方向，一往无前，乘风破浪。

苏醒，沉睡的美人

苏醒，沉睡的美人，不要再酣睡。我的美人，我的佳偶。冬天已往，冰雪已止，百花齐放、百鸟鸣啼的时候来到了。斑鸠的声音在我们境内也听见了，无花果树的果子渐渐成熟，葡萄树已开花吐蕊，谷中的百合已经放香。我的佳偶，我的美人，何必等待，何必迟疑。为了心中圣洁的理想，为了拥有一个更加明媚的春季，起来与我同去，走近春天，迎接春回大地。

苏醒，沉睡的美人，你沉睡得太久了。你曾一度远离我，贪恋世界，贪图虚浮的一切：金钱、财富、宴乐、拜偶像。你的眼睛被肉体的情欲、眼目的情欲、今生的骄傲所迷惑，有眼不能见我，有耳不能听到我的声音。你可知，我一直呼唤你，等候你的苏醒，我从没有撇下你。

我的美人，我一直在等待。因为你是谷中的百合花，是沙仑的玫瑰花。百鸟声中，百花丛里，思你心切，念你强烈。起来跟从我，穿过陡岩，跳过险壁。我有坚实的臂膀让你依靠，我有取之不尽用之不竭的智慧，我给你永生的盼望与期许，我给你永远不变的爱。与我同去，无论天涯海角，与你相伴，千辛万苦，在所不辞。与我同去，随我脚踪，奔走天路。

我的佳偶，你甚美丽，你全然美丽！你的眼在帕子内好像鸽子眼，你的唇好像一条朱红线；你的两鬓如同一块石榴；你的小嘴好像蜂房滴蜜；你的舌下有蜜有奶；你衣服的香气如黎巴嫩的香气；你是园中的泉，活水的井，从黎巴嫩流下来的溪水。你是女子中极美丽的，姣好的脸庞白里透红，超乎万人之上。我所爱的，何其美！

何其可悦！使人欢畅。我的佳偶，你甚美丽，毫无瑕疵。“美丽如月亮，皎洁如日头。”

我的美人，声音柔和，容貌秀美。求你容我得见你面，求你容我闻你低语。“我以永恒的爱爱你，我以慈爱吸引你。将我放在你心上如印记，带在你臂上如戳记，因为爱情如此坚强，众水不能熄灭，大水不能湮没。”山虽摇动，地虽改变，我对你的爱永不改变。

我是你的良人，你的新郎。我等待我的新娘已经有两千多年。在两千多年前的婚宴上，我把水变成酒，已经想到永恒的婚宴了。我把好酒留到如今，等待你的归回，你的苏醒，你完全倾心于我，不再被世上的诱惑、今生的骄傲所缠累，过圣洁的生活。我已经预备好了一切，一直在等候，一旦新娘预备好自己，婚宴马上开始举行。

苏醒，沉睡的美人，如果你是聪明的童女，你的灯里已经预备好灯油，并不断竭力追求圣洁，专一等候我的到来。你是警醒有智慧的童女，时刻预备给我开门，迎接新郎的到来。不像那愚拙的童女，只知道昏睡，没有预备好灯油。新郎来时，黑暗中找不到门，新郎被聪明的童女迎接走，去赴羔羊的宴席，举行隆重的婚礼。

苏醒，沉睡的美人，你还在沉睡吗？庄稼已经成熟了，灵魂大丰收的时候到了，我们的爱情也该结果子了。你醒来，我就到来；我等候你，“不要叫醒我亲爱的，等她自己情愿”。

我想听你唱：你的爱情何其美，你的爱情比酒更美。你的膏油馨香，你的名如同倒出来的香膏，膏油的香气胜过一切香品。

你是沙仑的玫瑰花，你是谷中的百合花……

大卫的帐幕

到了耶路撒冷，最想去的就是老城。老城在橄榄山下，我们恰好住在橄榄山上。近水楼台先得月。我们几人等不得会议安排，自己先跑进老城。老城是指三千年前，大卫、所罗门统治以色列时期建设的耶路撒冷城区。如今，那时建立的圣殿被毁了，城墙也是后来希律王时代建造的，唯有大卫城依然健在，巍然屹立，见证了大卫时代的辉煌与荣耀。

大卫城是一个青砖、青顶的普通建筑。从头到脚都是灰色，形状酷似圣殿，但圆顶不是金色的。大卫城是大卫王的陵墓安放地。金色的七灯台陪伴着它。以大卫名字命名的国旗"大卫之星"高高飘扬在耶路撒冷天空。

如今三千年过去了，多少英雄豪杰、帝王将相都归于尘土、销声匿迹，然而，大卫的名字却从中东响彻世界。米开朗琪罗的经典雕塑《大卫》，已成为稀世之作。全世界叫大卫名字的不计其数。男士们都愿为自己起这个名字，可见他们对大卫王的喜爱与尊崇。

大卫何许人也？怎会如此影响深远？

三千年前，大卫是以色列的国王，一位名扬四海的君主。

大卫是耶西的儿子，本是个放羊娃。但他容貌俊美，说话合宜，善于弹琴，智慧勇敢。即使在四面楚歌时仍信心坚固，把失去的财物、亲人都夺了回来。于是他被立为国王，从一贫如洗，到建立统一的王国。在他和儿子所罗门做以色列王的80年间，以色列发展到鼎盛，相当于中国的唐宋时期。

大卫，一个普普通通的牧羊人，何以成为一代君王，其中的奥秘何在？

大卫遵循宇宙自然规律，顺应天意。结果总是以少胜多，反败为胜。他尝到了天人合一、自助者天助的滋味和甘甜。

在兵荒马乱中，他搭建了敬拜场所——帐篷，也叫会幕。每天早晚，大卫和以色列的全家都要在会幕里祈祷歌诗赞美，寻求力量和帮助。

大卫文采飞扬，思如泉涌。《诗篇》一百多篇中七十多篇，是出自大卫之手。篇幅之多、意境之深、谦谦之心，可谓前无古人，后无来者。

无论是得胜时，还是患难中，他都不忘赞美与感恩，从中得到智慧与力量。他说："我的产业实在美好。我称颂那指教我的，他是我的山寨、磐石、盾牌，是我灵魂的避难所……"

大卫在战场上无往而不胜。先后击败了亚扪人、亚兰人。大卫统一了以色列，并使其进入繁荣稳定时期，为以色列的历史写下了灿烂辉煌的一页。

摩西的会幕，器物齐全，金银铜、红玛瑙、宝石应有尽有。所罗门的圣殿是用纯金镶嵌，金碧辉煌。而大卫的帐幕，只是普通的帐篷，简陋而非华美。

站在锡安山上，望着普通的大卫城，我终于明白了"重建大卫倒塌的帐幕"的含义。

大卫的帐幕是虔诚。大卫用敬虔竖起了一面信仰的大旗。旗下汇聚了以色列12个支派，凝聚了犹太人的心，奏响了万众一心的大合唱。

大卫的帐幕是赞美。走到哪里，帐幕设在哪里，赞美到哪里。那是赞美的世界，小鸟飞鸣，宇宙唱歌，思维响应，星辰作乐同声；那是快乐的世界，清晨明亮，好花美丽，证明天理精深。直到如今，犹太人仍然保持赞美、歌唱的习惯，是世界上音乐会最多的国家。

大卫的帐幕是谦卑。他的敬拜，不是为了满足个人的私欲。他披带谦卑的斗篷，放下骄傲，内心流淌出柔和的馨香，丝丝缕缕化为美德的涵养，赢得人心，拥有荣耀与尊贵。

大卫的帐幕是对宇宙的敬畏，对星辰的礼赞，对自然的热爱。

在耶路撒冷，当年的辉煌，经过千年岁月的洗礼，已经凝固成一座无形的圣殿，但是，真正的大卫帐幕早已坍塌在历史的尘埃中，就像战争毁坏了家园，邪恶侵蚀了灵魂。而今，我们需要在现代人心灵的废墟上重新搭建起一座大卫帐幕，内中装满爱与信仰，这样，人的灵魂将得到拯救，世界和平将得以实现。

天使在人间

在耶路撒冷,橄榄山的半山腰,面朝圣殿方向,有一栋灰色的小别墅,橄榄树拥抱着它。别墅的周围花草茂盛,树木幽森。无花果树已经开花,红石榴鲜艳可人。站在草坪上,极目远眺,耶路撒冷全景尽收眼底。

别墅里住着六十岁的汤海士牧师和他三十岁的太太凯特。汤海士是美国人,六十岁的人看上去像四十多岁。1.80 米的大个子,腰板笔直,魁梧健壮的身材一点儿不比小伙子逊色。一双柔和善良的笑眼下是微翘笔挺的鼻子,雪白的皮肤白里透红。一个充满活力与魅力的领袖。他的小妻子,是一个金发碧眼女郎,身材高挑丰满,气质华贵,像个贵族后裔。听说在 2007 年全球大会上,他们并肩站在台上,汤海士自豪地夸奖他的娇妻:"这是我的公主。"好让人羡慕。

为了使更多的人统一在和平的旗帜下,团结起来,反对战争、暴力,从年轻时汤海士就告别了美丽富饶的家乡,甘愿放弃平静、富裕、安逸的生活,从美国来到以色列,来到了矛盾冲突不断、硝烟弥漫的中东地区,过着生活无保障,生命无安全,远离亲人、故土的孤单日子,一个人在异国他乡生活下来。单枪匹马二十多年,一直没有娶妻。直到 57 岁,才喜结良缘。

这是一个胸怀全球的人。他站在橄榄山上,放眼耶路撒冷,放眼以色列,放眼全世界。他的心中装着五大洲、七大洋,怜悯着生活在水深火热中的贫穷人。他在以色列生活了四十年,为以色列的平安和平,奔走祷告,唤醒沉睡的心灵,把自己美好的青春、一腔热血都献给了以色列,献给了世界和平事业。

从 1994 年开始,他把全世界热爱和平的人,招聚在一起,在耶路撒冷召开全球大会，每年与会人员两千多人。他们为世界和平祈祷，为贫困的人祈祷，泪洒橄榄山、锡安山、伽略山。

作为大会主持人，汤海士站在主席台上，总是谦卑地微笑，大手高高举起，演讲般地挥动着，沙哑的嗓子浑厚高亢。他的主持极富感染力。他对国际形势的分析高屋建瓴、高瞻远瞩、入木三分，把人们的思路带到一个更高更广阔的境界。

每一次的全球大会，两千多名与会人员在以色列全境行走祈祷。分兵几路，气势壮观。他们的足迹遍布每一处圣地。每到一处，停车步行，沿着摩西、保罗等众先知、圣徒走过的路，聆听先贤伟大的声音和教诲，从中获得启示和力量。

从红海、耶利哥、伯利恒，到加利利海、约旦河、拿撒勒，每一寸土地上都有传奇轶事，每一个地名都是一本厚重丰富的书，每到一个地方，那一个个已逝的人物便鲜活起来，慈祥微笑。你能切实感受到他们伟大的气息和与众不同、高人一筹的思想与行动。

2008 年，我也成为这支队伍中的一员，与他们一起去感受伟人们不一样的情怀，寻找先哲们非凡的足迹。

那年 8 月，全世界的飞机向着中国北京飞，参加盛世空前的奥运会。同年 9 月，全世界的飞机向着耶路撒冷飞，参加全球圣会。不同民族、不同肤色、不同身份的人们汇聚到耶路撒冷，汇聚到汤海士身边，欢聚一堂，共同为世界和平祈祷！让爱的火炬传遍每一个角落。

一天下午，大巴载着我们跃上橄榄山半山腰，落在汤海士家的庭院里，开始了“橄榄山——先知之旅”的体验。上百号人在院子草坪上席地而坐，在无花果树、橄榄树、棕榈树下，眺望圣城耶路撒冷全城，神圣笼罩。

汤海士天使般地站在众人中间，高高举起手，带领大家为中国、为东方祈福。来自香港的何先生为他翻译。澳门的亭芝小妹妹，身高只有 1.50 米。那天太阳火辣辣地烤着我们，亭芝小妹怕晒着“天使”，踮起脚尖，高高举起小阳伞，为天使遮挡太阳灼热的光。

以色列不但是一个特殊的国家，也是一个特殊的地方。左边是宜人的地中海，右边是干燥的沙漠区。耶路撒冷不临海边，早晚温差很大。早晨穿羊毛衫不觉冷，中午穿半袖夏装不觉热。地中海的阳光格外明亮，中午的太阳格外热烈。汤天使的祈祷像地中海的太阳火热。他对东方有特殊使命感。东方沉睡的狮子该苏醒了，睡得时间太久了。“犹大的狮子，起来，不要再沉睡”是这次大会的主题。

如果不是汤海士天使的招聚，没有他的人格魅力，各国人们就鲜有机会相聚在大君王之城——耶路撒冷，体会不到全世界拥有一个共同语言——爱。

为了拯救更多人的灵魂，汤海士夫妇的足迹遍布一百多个国家和地区，了解贫困地区的状况，把爱、信心与盼望的种子，播撒到四面八方。他们不停地走啊走，呼唤和平、呼唤平等与自由。他们是正义的化身，把光明的火种播撒到人间。肖伯特说：“在天堂，天使只是微不足道的小卒。”但在人间，天使却是能给人们带来幸福和欢乐的人。汤海士夫妇就是人间天使。

愿更多的人像天使一样为世界和平而发光。如明灯闪耀，传递爱，传递信心。为世界和平祈祷，为耶路撒冷祈祷。

每一个人都可以成为天使，只要心中有爱。置身于橄榄山上的汤海士庭院里，在他带领我们祈福的时刻，我感觉自己似乎也变成了一位即将为真理和信仰而献身的天使。

橄榄树

在炼狱中穿行

站在橄榄山上眺望耶路撒冷全城，我的心百感交集，感慨万分。

弹丸之地的以色列为何如此大悲大喜、风云激荡？犹太民族为何饱经忧患、多灾多难？经过两千年流浪、背井离乡，却没有被同化、消亡；在炼狱中穿行，却没有被熔化，反而百炼成钢？

翻开史书，一幕幕历史画卷在眼前展开：这个民族从被为奴之地埃及回归出来，从水深火热之中走大海、穿沙漠、越旷野，在迦南富饶美丽的地方建邦立业。到了所罗门时代，国家的富裕繁荣，令世界各族瞩目，前来拜访……

好景不长，以色列分裂为南北两国。周围的若干个国家一哄而上，张开大口，要吞没犹太人。先是亚述王国的铁蹄将以色列践踏，大批犹太人被掳往外邦。一百三十六年后，巴比伦王尼布甲尼率兵烧杀，京城耶路撒冷和所罗门王所建的圣殿被毁。田地被占，城被倾覆，成为荒场。百姓除被杀者外，大多数分三批被掳往巴比伦为奴，成为“巴比伦之囚”。就这样，犹太人真的成为任人宰割的羔羊。

七十年后，波斯王准许剩余的以色列人归回本土，重建耶路撒冷和圣殿，但重建的犹太只是波斯的一个省，不再是一个独立的国家。从这时起，以色列人被称为犹太人。

受辱的日子还没有结束，公元70年，罗马军队攻破耶路撒冷，城池和圣殿再次被毁。“第二圣殿”的废墟上只留下西墙的一段残壁，这就是后来犹太人所称的“哭墙”。罗马再次血腥镇压犹太人的反抗，犹太人复兴以色列国的梦想彻底破灭。

罗马皇帝将以色列地(即迦南地)改名为巴勒斯坦,为的是要让世人永远遗忘这里曾经是犹太人曾经世世代代居住过的地方。从此结束了这个民族在迦南地生存了一千三百多年的历史,以色列彻底亡国,进入了一个长达两千年的民族大流亡的历史时期,“在天下万国中抛来抛去”,颠沛流离。

两千多年来,他们没有祖国,寄人篱下。虽然靠着聪明才智很富有,但精神上一直过着流亡生活,到处受排斥、嘲讽、鄙视。最令人惊心动魄的是他们所遭受的迫害和杀戮。似乎从古至今,刀剑血光之灾总不离开他们,他们所经历的苦难和浩劫没有任何其他民族可与之比拟。尤其是第二次世界大战期间,希特勒对犹太人进行了空前的大屠杀,有近千万人被蹂躏,近600万人被屠杀,成为人类历史上罕见的一大悲剧。

犹太人就这样在大喜大悲中,跃上巅峰,陷入谷底。在经历了欢喜快乐的同时,也经历了太多的磨难与生死考验。一次次被外邦侵略、驱逐、杀戮,在世界各地流浪,在炼狱中穿行。

被肢解的犹太人,渴望统一的梦想没有泯灭,以色列国歌倒出了他们千年的盼望:只要心灵深处尚存犹太人的渴望/眺望东方的眼睛注视着锡安山冈/我们还没有失去两千年的盼望/做一个自由的民族/屹立在锡安山和耶路撒冷之上……

没有自己的国家,流离失所,在哪里都是最小的民族,分散遭人欺,无力反击,无法保护自己,是他们渴望复国的主要原因。

1948年,奇迹发生了。全世界的犹太人,潮水般涌向故乡,涌向耶路撒冷。回归了,回到了久别两千年的故土。游子终于回到母亲的怀抱,热泪横流,泪水流进约旦河、加利利海、死海。死海的水是咸的,我想那一定是五百万犹太人滚滚的泪水汇聚。

历史经验表明,一个民族在亡国之后,不出五百年继之而来的就是灭种,整个民族将被消灭或同化,唯独弱小的犹太民族是个例外。就是这样一个历经浩劫的民族,人数稀少又被分散于万国之中,没有自己的土地,却没有被消灭和同化,仍然作为独特的民族生存下来,继续保持其固有的民族传统,这一奇迹在人类历史上是独一无二的。何也?历史学家们无法解释。

犹太人在外漂泊两千多年，穿行在炼狱中，不断经历着火与血的洗礼，白眼与歧视的冷遇，排斥与迫害的煎熬。然而，他们的心灵始终有一个美丽的家园，一个不灭的梦，一个坚实的依托，那就是虔诚一致的信仰，坚定不移的理想。渴望统一，盼望回归的梦想没有泯灭，保持了一个民族的纯洁性、凝聚性。

犹太社团的存在，也是犹太人不灭的根本原因。无论被分散在哪里，从“巴比伦之囚”到“罗马之囚”，他们始终保持社团的存在，社团使他们凝聚在一起，会堂社团活动的场所，是他们做礼拜的地方。一个圣殿被毁了，却化作无数个会堂，无数个圣殿耸立在他们心中。圣殿建在心中，永远毁不掉。

犹太人的会堂朴素普通，不像教堂那样富丽堂皇。与犹太人的性格极其相似，不注重外在，而注重心灵。而且全世界的犹太会堂都朝着一个方向，那就是耶路撒冷。那是他们心灵注目之地，情感所系之地，无论放逐天涯海角，永远回眸向着同一个方向——家园耶路撒冷。两千年未曾改变。

如今有形的圣殿太多，心灵的圣殿却太少。而多少有家园的人，心灵却没有故乡，何尝不再漂泊，在人生的炼狱中煎熬？在人生的海洋里，许多心灵在漂泊。无论在故乡，还是在异乡，心始终没有归宿感。故乡在哪里？归宿在哪里？我从哪里来，要到哪里去？

有了纯正的信仰，心灵才有故乡，才有依托，有盼望，有正确的方向，生命才有真正的意义，不再炼狱中煎熬，抵达生命的天国……

欢乐之海

2008 年 9 月，在耶路撒冷，在著名的拉杰饭店，来自世界五大洲、七大洋的各国代表两千五百多人，汇聚在大君王之城，与犹太人一起庆祝以色列建国六十周年，并欢庆新年。

分散在世界各地的犹太人，从四面八方，向着耶路撒冷归回，回家过年。他们的新年相当于中国的春节，是阖家团聚，共度良宵的重要节日。

一年一度的全球"圣地旅游行走祈祷"大会，在耶路撒冷，在以色列的新年隆重召开。十几天的会议，每天都是以载歌载舞开始，以尽情欢唱、尽情舞蹈结束，有时至子夜，有时通宵达旦。第二天，照样开会，与会人员沉浸在欢乐的海洋中。

这是一片圣洁之海，纯净之海。

以色列的女生领唱，歌声如此纯净，纤尘不染，绝对的天籁之音，纯美无比，把你的心灵洗涤得纯而又纯。在天使般的歌声中，天使把你带到圣洁的国度，心灵被净化，所有烦恼、郁闷、杂念荡然无存。

来自巴西的犹太人后裔安娜，她的歌声音域宽广、激昂，酷似席琳 · 迪翁。在外漂泊多年的游子，深深体会没有祖国的滋味。如今回到自己的土地上，她将全部的感情都融进了歌唱中，喜悦的、悲愤的、多种复杂的情感交织在一起，使她的歌声，充满了感染力、震撼力，把你带进爱之深深的海洋，随着她的歌声波涛起伏，激情澎湃。

我们把沙漠放在你面前，
你能使沙漠变良田。
荣耀充满全地，
就像水充满洋海。
爱河涌流，
流出生命与盼望。
你就是有能力的河流，
你是唯一的河流……
这是一片欢乐之海，震撼之海。

美籍犹太人小提琴家，带着犹太人特有的小圆帽，每天开会前他都要尽兴演奏。他的小提琴赞美，把欢乐之海推向高潮，波澜壮阔，卷起千堆雪。我的心随着他的音乐，一起飞翔，看飞瀑流泉，领略鸟语花香；我荒芜的心，变得蓊蓊郁郁，开满鲜花。他的心灵演奏，灵魂倾诉，具有医治心灵、释放心灵的功效。

国内外的小提琴演出我看了不少，真正让我心灵震撼的，没有超过他的。这位在美国长大，毕业于美国著名音乐学院的小提琴家，他的小提琴演奏，配上交响乐，因融入了他全部情感、激情与信仰，令人百感交集、荡气回肠。当他演奏以色列国歌《盼望》时，把以色列人两千年的祈盼，两千年的苦难，两千年的心酸，表达得淋漓尽致。

只要心灵深处尚存犹太人的渴望，
眺望东方的眼睛注视着锡安山冈，
我们还没有失去两千年的盼望，
做一个自由的民族，
屹立在锡安山和耶路撒冷之上……

当他演奏《复活在我，生命也在我》时，我沉静已久的心灵，苏醒了、复活了。他把大爱的生命之水倾倒下来，使干渴的心灵得以饱足、滋润，带来永恒的盼望；使忧伤的心灵得到喜乐，郁闷的心灵得到释放。听到这样的音乐，再麻木、刚硬的心灵，也会苏醒、温柔起来，得到一次灵魂的洗礼。

这是一片沸腾之海，火焰之海。

不同国家带来不同风格的赞美。无论是哪种赞美，不分哪种肤色，只要你有感动，你想唱，你就可以尽情唱、尽情舞。在哪里跳都可以，即使跑到主席台前，手舞足蹈，也没人笑话，没人拦阻，你可以像一个自由的小鸟，欢呼雀跃，地阔天高。

来自法国的敬拜领袖，是一对年轻夫妻。妻子是个白人，金色的长发长长地拢在脑后，文静而高雅。赞美时，她经常挥舞着旗子，在主席台前翩翩起舞。她的舞蹈介于芭蕾和民族舞蹈之间，大气、洒脱，柔中带刚，充满力量，与音乐的高潮起伏、快慢节奏相协调。她的舞蹈内涵丰富，似无声的呐喊、信心的宣告，是内在生命流淌的馨香，有着极强的感染力和无穷魅力。

有时，他们夫妻自编自演，带着不同国家组成的舞蹈队，在台上表演力量型舞蹈，把全场的赞美气氛推向高潮。

拉杰饭店门前，有一个木制天然大舞台。在地中海灿烂的阳光下，来自世界各国不同肤色的人汇聚在一起，学习舞蹈课。这对法国舞蹈领袖带领大家一起跳。这些舞蹈不像国内的健身操，是为了娱乐和健身，而是把赞美、敬仰所带来的喜乐、自由、力量融进舞蹈中。在尽情舞蹈的同时，心灵也得到更新与释放。

我也加入了舞蹈的行列，沐浴在地中海金灿灿的阳光下，一扫平日紧张与郁闷，心欢喜，灵快乐，进入自由的王国、人间乐园。

非洲的赞美，把欢乐之海变成沸腾之海。他们边唱边跳，载歌载舞。他们个个都是天生的歌唱家、舞蹈家。歌声浑厚高亢，舞蹈热情奔放。那热烈的气氛场面，就是再木讷、再内向的人，也会被感染、被激发出热情的火焰，而从座位上站起来，加入载歌载舞的行列。

印度尼西亚的赞美，带下属天的恩膏。他们的歌唱像火焰在燃烧，带下能力与荣耀，把你的心门进一步打开，让你的心灵深深浸泡、沉醉，再点燃你心中的火焰，让你随着音乐、歌声沸腾燃烧，烧去一切杂念、私欲、贪婪，一扫久积的阴霾，沐浴在太阳的温暖里，心中的暖流不断涌起，鲜艳的花朵悄悄绽放、绚烂无比。

这是一片自由的水域，爱之海。

在爱的范畴内，大家都是一家人，不分肤色，不论国籍，大家都是兄弟姐妹，手拉手，肩并肩，欢快地唱啊跳啊。想在哪跳，就在哪跳。台上台下、过道、座位前、椅子上，想怎样跳就怎样跳。无拘无束，自由奔放。就像在自己的家中，绝对放松、舒展。

来自欧洲的一个先生，手举以色列国旗，穿梭于台上台下人群中。一边跳一边旋转。六十岁开外的人了，就像小孩子般快活、脚步轻盈。这里尽显自由的风范，人人都是艺术家，人人都可绽放最美的光彩，不必掩饰、虚伪，更无道貌岸然。这里的欢乐发自肺腑，那是真正的自由，灵魂的释放。

去耶路撒冷之前，我因诸多的烦恼而愤懑填膺，患了心病，然而，当我在每天的赞美中被浸泡，被沐浴时，我的心病竟然不治而愈了，像水一样在阳光下蒸发了。这就是圣乐的神奇，我的心被放逐了，从世俗的欲望中挣脱出来，名利都淡忘了，身心感到无比的舒畅，孤独的心灵再一次得到了医治释放。

从以色列归来后，我变得神清气爽，神采飞扬，朋友说我像变了一个人似的，临走前的愤慨、哀怨仿佛都被耶路撒冷的圣洁之气荡涤了，只剩下欢快单纯的感觉，生活在无忧无虑的气息里。

黑人魅力

在我的脑海里，有个错误的观点，黑人是头脑简单、四肢发达的代名词。在很多人心目中，因为肤色的原因，黑人的头上一直笼罩着不幸的阴影。似乎人生下来就分了三六九等，黑人处于卑微的地位，是天生的“下等人”，就要为白人服务。

其实，希腊语中亚当由四个字母组成：A、D、A、M，是东南西北每个字的头一个字母汇聚而成，它告诉我们，五湖四海的各国人们同为亚当的后裔。所以也就没有哪个民族优于哪个民族的说法了。

2008 年 9 月 29 日，参加在耶路撒冷举行的全球盛会，我完全改变了对黑人的印象。

与会的两千多人中，有一半是黑人。他们肤色特别，皮肤黝黑，牙齿特白，一笑，黑白分明，十分可爱。男士大多高大魁梧，气质很好：深沉冷峻，刚毅坚定，气宇轩昂，阳刚之气十足。女士大多宽胸丰臀，臀部高翘，就像平原上突起的山包。她们打扮得花枝招展，五彩缤纷，但并无轻浮风骚之感，就像美丽的黑蝴蝶，在众人的花丛中飞来飞去，格外抢眼。单纯、可爱、原生态，使她们比含蓄有余、纯真不足的东方人更让人喜欢。

黑人的演讲更是魅力无穷。此次全球大会上，黑人领军人物一个接一个上场演讲。听那声音音域宽广，洪亮雄浑如大古钟，底气十足，特有男人味，似乎他们个个都是天生的演说家。上帝造人真不偏心，给了他们黢黑的皮肤，似乎不如白人“一白遮百丑”，却给了他们美妙动听的声音，磁性十足。听他们演讲，简直就是一种享受，令人百听不厌。说到兴奋、激动时，其声如雷贯耳，如狮子吼叫，却不吓人。看那动作、手势、表情，一招一式，充满力量，激情四溢，极具感染力、爆发力，比白种人、黄种人更有吸引力、煽动力。平生第一次看到这么多黑人演讲，把我震慑了，听得目瞪口呆。在座的两千多人，一次次为他们送上雷鸣般的掌声，被他们的精彩演讲鼓舞得热血沸腾。

观其歌舞，淳朴、原始、奔放、落落大方，毫无扭捏做作之态。发自心底的欢歌劲舞，使不爱跳舞的人，也情不自禁站起来，加入他们起舞的行列。黑人仿佛都是天生的舞蹈家、歌唱家。他们的歌声流淌着喜乐油，似乎他们从未受过伤害，不曾有过非人的烦恼忧伤。他们舞蹈歌唱时可爱的样子，仿佛远古时代，人们的心灵没受过污染，没有被扭曲。就像伊甸园中的亚当、夏娃，没有犯罪时，无忧无虑生活在充满荣耀、充满爱，没有疾病，没有痛苦，纯洁无邪中。多么美好快乐！而不受歧视，无等级之分的我们，又有多少人在长期“夹着尾巴做人”的压抑中，不能尽情欢笑，流露原本真实的我？

再看黑人素质，原以为他们头脑简单，四肢发达，只能干粗活、体力活。这次会议上与他们近距离接触，朝夕相处，对他们有了比较全面的了解后，我知道我犯了形而上学的错误。他们素质普遍较高，文质彬彬。我遇见的所有黑人，几乎都会说一口流利的英语或法语。不管相识与否，每次见面都与你热情打招呼，早晨是 good morning（早上好），晚上是 good evening（晚上好）。原来这些来自非洲、南美洲的黑人，大多受到过殖民教育，受到西方教育的熏陶。当他们用英语与我交流时，我自愧不如，退避三舍。

黑人为奴，受人欺负、被人贩卖的历史已经过去，虽然在有些发达国家里种族歧视仍然存在，但对黑人的一视同仁，重新认识，彻底消灭种族歧视，应该成为全世界的共识。正如简·爱曾经发出的经典宣言：虽然我穷、不好看，但我们的精神是同等的，正如同你我都将穿过坟墓站在上帝面前。

赖斯，创造历史的美国黑人女国务卿，白宫的黑珍珠，一生都在开拓新的局面。在她身上你看不到黑人、女性的身影，只看到了能力。世界从赖斯身上看到美国的力量、能力和风度。她也是一个钢琴家，运动员，多才多艺。其散发的能力与魅力的光彩，已消顿了肤色的差别。

当黑人奥巴马当选新一届美国总统时，芝加哥为奥巴马而沸腾、狂欢。当一名黑人女歌手带着嘶哑而颤抖的声音高唱起美国国歌时，不少人流下了泪水。黑人成为总统，再一次彰显了“上帝面前人人平等”的伟大精神，证明了黑人的实力与能力丝毫不比白人差。马丁·路德·金的梦想，正在变成现实，向理想的目标又迈进了一步。虽然种族歧视还没有彻底改变，但善的力量正在战胜邪恶，也必终将战胜邪恶，邪不压正，公义、平等、自由的国度一定会降临。听听奥巴马的精彩演讲：“上帝高于一切的力量将引导我们前进。这是一部美国由奴隶制社会发展成为崇尚自由的社会的历史，是一部在伟大和永恒理想指导下几代人团结奋斗的历史。这些伟大的理想正在慢慢实现美国的承诺：每个人都有自身的价值，每个人都有成功的机会，每个人天生都会有所作为。上帝会驾驭我们航行的……”

写到此，我仿佛穿过时空的隧道，看到黑人领袖马丁·路德·金在挥舞手臂精彩演讲：“那时，上帝的所有儿女，黑人和白人，犹太教徒和非犹太教徒，都将手携手，合唱一首古老的黑人灵歌：‘终于自由啦！感谢全能的上帝！’”

我有一个梦想，
愿不公正的烈火，
转变为自由、公义的绿洲。
愿公义如大水滚滚，
和平如江河滔滔。
愿奴隶和奴隶主的儿子携起手来，
共唱一首赞美上帝的歌……

泪水中的良知

从以色列回来好久了，但我一直不能忘记一双眼睛，一双含着眼泪的大眼睛，一双德国男人的泪眼。那双蓝蓝的大眼睛，像蓝蓝的天池，含着两汪碧蓝晶莹的湖水，里面盛满了良知。

在耶路撒冷拉杰饭店，会间小憩，一个高大的“老外”过来与我搭讪。一看戴的胸牌，便知他是德国人。

我用不甚流畅的英语与他攀谈起来。他说他很高兴，在圣城会议即将结束时，能与中国人交流，千载难逢。他的友好热情，让我感到亲切温暖。可是昨天参观以色列犹太大屠杀纪念馆时留下的阴影，始终笼罩我的心头，挥之不去。

我心中有个结无法解开：德国人为何选择希特勒这样的杀人狂当总统？德国人怎么了？对他不了解吗？因心中的疑团一直未解开而耿耿于怀。今天这个德国人撞到我枪口上了，不能放过他。于是我直言不讳，把我想问的问题抛给了他。出乎我意料的是，他丝毫没有辩解，那双明亮的大眼睛一下子充满了泪水，水汪汪的，像两个水球，痛苦而又委屈地望着我，他愧疚地说：“我们很惭愧很抱歉，给犹太人、给更多的人，带来了那么大的伤害，这是我们不愿看到的。我们的父辈并不了解希特勒会是如此残忍，他上台前隐藏得很深……”

他的泪水、他的目光，使我的心一下子软了下来。是啊，德国老百姓执行元首命令，有时也是身不由己。对于害人者，他们是施罪者，心中永远不得安宁，从另一个角度讲也是一种惩罚。

一战后，严重的通货膨胀与经济萧条，使德国人生活在恐惧与紧张之中。这时希特勒出现了，一个愤世嫉俗、过于强调个人奋斗的、变态的人，仇恨和平，仇恨工人阶级，仇视文化和教育，仇恨聪明、富有、敏感的犹太人。他的演讲博得了与他处境相同的社会渣滓的欢呼。他把他们组织起来，以拼死冒险夺取权力的野心，打着种族主义的幌子，许下光荣凯旋和黄金时代的诺言，迎合了个人盲目服从的口味，用欺骗宣传手段，蛊惑民心，赢得了群众的支持，成了元首，掀起了反犹太主义运动，并进行了惨无人道的大屠杀。许多人不了解希特勒混乱又反复无常的人格，会达到什么可怕的程度，被他的狂热所鼓噪。德国人像喝醉了酒似的，与希特勒一起疯狂。

这不仅是犹太民族的悲剧，也是德国的悲剧。

眼前流泪的德国人，年龄四十岁左右，二战时他还没有出生。从他的泪水中我看到了人性的良知、善良，看到了一个民族的悔过与希望。

一个流泪的德国人，让我陷入沉思。一个民族领袖的选择太重要了。一个领袖的良知，对于一个民族、一个国家，甚至世界的影响不可估量。二战时，一个希特勒把整个欧洲搅得周天寒彻，硝烟四起，生灵涂炭，血流成河。法西斯的野心与残暴，燃起了世界大战的烈火，多少无辜的生命被杀戮。各国人民开始遭受深重的灾难。

值得欣慰的是，战后，德国人在柏林市中心建造了犹太人大屠杀纪念馆，以此纪念在纳粹统治时期欧洲惨遭屠杀的数百万犹太人。它标志着德国真正直面历史的开端。在一个非同寻常的地方，建一个揭露自己不光彩历史的纪念馆、富于自我批评的纪念馆，需要非同寻常的勇气，也体现了非同寻常的诚意、反省的压抑。德国人最终还是为当年纳粹犯下的罪行在自己的心头扎下了这一刀。这种反思精神还是令人钦佩的。

这是一个觉醒民族的良知。法国的雨果说：“良知是什么？是未知世界的指针。”德国的康德说：“良知是一种依据道德律来批判自己的本能。它不只是一种力，它是一种本能。”在德国，这种良知是通过在柏林市中心建设犹太人大屠杀纪念馆的方式表现出来的，泪水中的良知更让我感动。一个悔过自新的民族，是有希望的民族,若夜郎自大、自我满足,就会被历史的车轮甩在后面。

我们也梦想着这一大悲剧不再重演,永远翻过去。正义与和平是每一个有良知的人的共同心愿。愿我们的世界永远平安,愿国际正义之气永远兴旺,恩泽子子孙孙,人们生活在自由、平等、博爱的氛围中,享受真正的天伦之乐。

以色列犹太大屠杀纪念馆

秋雨之福

又下雨了,绵绵的细雨下了一整天。望着窗外,仿佛看见你们从绿树丛中露出笑脸,向我走来。情不自禁想起去年初秋的第一场雨,留在记忆深处的雨。

那天是星期天,一个人闷闷地在家中寂寥。忽然,你来了电话,说要来看我,还带一个人。我问是谁,你还不告诉我。你是个急性子,想做什么必须马上做。我无任何准备,你们的的士竟然开到了我家门口。慌忙间,简单梳妆打扮,下楼去接你们。

我打着淡绿色的小雨伞,穿了一身淡绿色的套装,穿过绿树幽幽的庭院。刚拐弯,就看见你们笑盈盈向我走来。我心花怒放,向你们绽放最灿烂的笑容。

雨霏霏地下个不停,八月的雨温润缠绵。那天的雨,怎么那么美,那么温柔、润致,轻轻的、细细的、绵绵的。庭院中所有的植物,都被温柔的雨滋润了,朦胧了,更加鲜亮了。甬道两旁的花草树木,在雨的滋润下,晶莹剔透,水灵动人。叶子上的水珠像一颗颗珍珠,镶嵌在碧绿的叶子上,眨着明亮的眼睛,闪着晶莹的光芒,使那些普通的叶子变得更加翠绿,花儿更加娇艳,水灵灵、活生生,可爱至极。那一刻,我的小庭院变成了伊甸园,美丽无比。

人间有了爱,有了相互的帮助、理解、关怀,一切都变得美丽。寻常的雨,也变成爱的音符、情的交响。

那是秋天的第一场雨,雨中我问你如何理解“秋雨之福”。这一问,还真把你问住了。

人们常说:“春雨贵如油。”又有诗云:“好雨知时节,当春乃发生,随风潜入夜,润物细无声。”说的都是春雨的珍贵与美好。提到秋雨时,则是凄凉、悲观的代名词,如“一场秋雨一场凉”、“秋雨秋风愁煞人”。而在《圣经》中,单单强调了“秋雨之福”:“他们经过流泪谷,叫这谷变为泉源之地,并有秋雨之福盖满了全谷。”

原来读这段话时,我一直不甚理解。把秋雨定为有福的秋雨,何为福?到了以色列后,我茅塞顿开,明白了“秋雨之福”的含义。

以色列虽处在地中海沿岸,但干旱少雨,尤其是到了秋天,雨水更少得可怜,秋雨变得弥足珍贵。

2008年的秋天,我在那里停留了半个月,没下过一场大雨。只有一天清晨,零零落落下了一些雨点。于是,我理解了犹太人“在干旱疲乏污水之地,我渴想你”的心情,理解了“秋雨之福”的含义。干旱无雨,庄稼饥渴,这时合宜的秋雨翩然而降,使土地滋润,确保土地出产丰盛,乃为有福之雨。久旱逢甘霖,怎能不欢喜快乐?

以色列山很多,山多,谷就多。雨水丰沛降下,谷满了水就变成了河,为灌溉庄稼准备了蓄水池。这就是“叫这谷变为泉源之地,并有秋雨之福盖满了全谷”一文的来源。

土地离不开水,庄稼需要灌溉;人离不开心灵的泉水,心田需要滋润。虔诚信仰上帝的犹太人,祈祷是他们生活的首要。祈祷多,泪就多,汇成流泪谷,生命的泉水从这里涌流……

对于心灵美好、信心满怀、积极乐观的人,绵绵秋雨是温柔、爱心、同情、忍耐、心灵丰富的代名词。秋雨代表爱,多得几丝秋雨,就多得几分爱,那是爱的浇灌,无尽的爱,永不止息的爱。

淳朴的圣城

经过12个小时茫茫黑夜中的飞行，在以色列首都特拉维夫机场，我疲惫地走下旋梯。特拉维夫依偎在地中海温暖的怀抱中。我心的风帆，在宁谧期待中，靠近蓝色海岸。顿然，眼前灿烂而澄明，只见高楼林立，天空明亮，现代化气息扑面而来。

到了圣城耶路撒冷，情形完全改变。一切都是古朴的、宁静的、含蓄的、深沉的。从城市到乡村，大街小巷，看不到红磨坊、赌城、灯红酒绿、火树银花的繁华，看不见打扮妖艳的应召女郎，看不到老虎机，甚至警察都不见踪影。没有摩天大楼的圣城，沉浸在宁谧安详中。

一栋栋小房子，不是豪华别墅，而是石头房，没有任何涂抹和装饰，甚至不如我们现在农村的红瓦绿顶别墅漂亮。

光秃的山坡上，大多是天然的石头，看不到大幅标语、广告牌。

建筑是这样，服装也是这样。男士身着古朴的黑衣，头戴黑礼帽。女子大多穿深色拖地长袍、连衣裙，深色的包头巾，把脸包得严严实实，露出一双又黑又大的眼睛，美丽又明亮。

酒店都不高，即使五星级酒店从外面看也只有几层高，然而当你走进去才发现里面的玄机。原来十几层、几十层的酒店，大部分都在地下，可防空袭。犹太人的精明处处体现出来，犹太人的无奈也写在了这座城市的脸上。

这座古城、圣城，是悲剧叠加之城，18次被毁，一次次的大火将它洗劫，上次的一股股浓烟还没有消散，新的大火又将它焚烧，一座座废墟上，不断地建起新城。血的教训，使他们建立的新城大部分在地下。

古城的路蜿蜒交错，一砖一石都充满了辛酸。行走在耶路撒冷的大街小巷，仿佛置身古老神秘的世界中。我的心难以平静，仿佛看到无数悲痛的灵魂在那些城墙里、砖缝里行走哭泣。古城阴影密布，每走一步，都有可能踩痛不死魂灵的神经……

经过腥风血雨洗礼的犹太人形成了他们独特的人格：内敛、温文尔雅。这与他们坚守着一份纯净的信仰，拥有宝贵的精神财富有关。他们相信：心灵有爱和理想才美好，拥有智慧就拥有了一切；只有勤奋和努力，才能带来希望与财富，而不是凭运气和机会。他们的谦逊、含蓄、彬彬有礼、孜孜不倦的进取精神，值得我们学习。

在圣城，你看不到鸡鸭鹅狗。按照犹太教规定，是不允许饲养这些动物的。讲究卫生，减少疾病，落实到日常生活中，每个社区的负责人拉比（牧师）必须懂医学，社区的卫生、医疗与信仰紧密结合。

以色列的农业一直采用合作社方式，并一直延续至今。在农作物灌溉上，他们采用滴管、喷灌方式，节水70%。全部废水处理后再利用，在这片水资源严重匮乏、自然资源奇缺的土地上，他们在困境中把智慧发挥到极致，在沙漠中建立起一个个绿洲。

圣城也是一座世界著名的音乐之都，每个夜晚都飘荡着悠扬音乐。据说，以色列是世界上音乐会最多的国家之一。

教育方面，道德教育至高无上。首先培养孩子要成为一个有道德的人，靠智慧获取尊严，其次才是功课。

这里常见的动物是骆驼和驴，这在世界其他城市是很难看到的。橄榄山上，每天都能看到骆驼。当主人走到骆驼身边时，它马上跪下来，让主人骑到它的身上。在圣城，驴也是温柔的。走进耶路撒冷，偶尔能看到从小巷里，款款走出几头驴，有大驴，有小驴。有时驮着少年，有时被老者牵着。在城市里能看到驴，甚是稀奇。那些驴看上去是温顺的、干净的，甚至是可爱的，没有印象中的野性、驴性。时代变了，现代化程度越来越高了，但犹太人仍然喜爱驴，保持传统习惯，可见他们内心的谦逊。

耶路撒冷与中国的曲阜很相似。圣人行走过的地方，总是与众不同。无论世事如何变迁，世风如何日下，它们永远保持一份独特的纯净、素朴、淡定，骨子里渗透出高贵、富有、超凡脱俗。

暮色中，我们踏着夕阳回橄榄山宾馆，走到半山腰回眸间，只见耶路撒冷沐浴在一片金光中，柔和的晚钟在暮色中回响……

从耶路撒冷回来后，我的耳畔仍有歌声在回荡：

山林气息美酒般清爽
松柏多芳香
还有那美妙的钟声
在风中弥荡……

传统犹太人

第二辑

谷中百合

谷中百合是峡谷之花、圣灵之花；她是谦卑的化身，她是纯洁的化身，她是美德的化身。有百合花一样品德的人，具有清纯高贵的品格、崇尚的信仰，追求圣洁，坚守自我，超凡脱俗，永保纯洁，在精神的天空鸟瞰大地……

伊甸园是上帝创造的人间乐园。

本以为伊甸园只存在于人类诞生的伊始、遥远的梦境和憧憬中，现实的世界已重度污染，真的还会有伊甸园般清新的净土吗？我去的国家不多，无法想象，更不敢奢望。

然而，当我像小鸟一样在澳大利亚、新西兰美丽的绿洲上飞来飞去，伊甸园般的纯净令我流连忘返时，我终于相信了，现实世界中依然有伊甸园一样美好的地方。

那么，就请读者与我一起出发，踏上追寻伊甸园之旅吧。

徜徉伊甸园

——澳洲之美

原以为伊甸园只存在于遥远的过去、神话传说里：在创世之初，上帝在东方的伊甸造了一个园子。各样的树从地里长出来，悦人眼目。有河从伊甸流出来，环绕那地，滋润那园子。地上全是金子，又有珍珠和红玛瑙。人类的始祖亚当、夏娃享受其中，没有疾病，没有烦恼……这美丽无比、丰盛富庶的伊甸园，现在的世界哪里会找到？

2009 年 4 月的春天，我随作家代表团前往澳洲采风。脚踏之地，清风玉露、碧海白沙、万千气象、绿草鲜花、莺歌燕舞、袋鼠考拉……我仿佛置身于伊甸园——上帝创造的花园。伊甸园中描绘的景象在这里淋漓尽致地呈现在眼前，如梦如幻，让你愉悦眼目，陶醉心灵，欣喜沉醉。

从空中鸟瞰，澳洲就像一个巨大的高尔夫球场，一块无边无际的绿色大地。那些牛羊就像一个个高尔夫球：白球、黑球、花球，散落在球场上。一栋栋红顶、白顶、黑顶小别墅像一颗颗珍珠、玛瑙点缀在绿色地毯上。

无论你走到哪里，是城市还是乡村，没有什么差别，到处是花园，处处是风景，分不清是人造公园还是自然花园，你中有我，我中有你。整个国家似是一个大花园，一个理想的伊甸园。

辽阔的大地上，没有一块裸露地面。绿草如茵，一望无际，盖满全地，形成绿色的波浪，逶迤而去，在天际与蓝天连成一片。一棵棵树在绿地上亭亭玉立，有枫树、桉树，还有许多我叫不上名的树，红的、黄的、紫的，绚丽极了。那些树好像被人工刻意修剪过，形状优美，无凌乱之感。无论从哪个角度看，都是一幅风景画。即使是一棵树，立在草坪上，它也会像一个梳妆打扮后曼妙多姿的女子，向人们展示它最美的风采。

河水是清澈透明的。即使在城市中央的河，也无任何污染，像一条玉带，从伊甸园流出，环绕着这片丰饶的土地，滋润着肥沃黝黑的土壤。在这里你丝毫看不到那种为了发展经济，不顾环保，污染环境，将清澈的河水染成黑色的情景……

湖水晶莹剔透。一个个湖泊就像一颗颗瑰丽的珍珠，镶嵌在绿色的地毯上，在阳光下熠熠生辉，闪耀着魅人的光彩。

这里有丰富的地下矿藏，埋藏着各种珠宝。有金子、玛瑙、宝石……它们埋藏、孕育了一亿多年。世界上95%的澳宝石产自澳大利亚……

一望无际的绿草坪上，牛、羊、骆驼、鹿、马成群结队，优哉游哉漫步，惬意无比。山坡上，满山的袋鼠蹦来蹦去，机灵可爱。憨态可掬的考拉，悠闲自得，坐在树杈上，香甜熟睡，旁若无人，如睡在自己的家中一样安适，无论身旁走过多少游客，也不会惊醒它们。

澳大利亚的国色是绿色。它们将CI策划引入国家，把国家当成企业来经营，统一策划，统一布局。从澳大利亚的悉尼、布里斯班、堪培拉、黄金海岸，到新西兰的南北，纵横辽阔的土地，不见一家冒烟的工厂，不见路旁成堆的矿石、泥沙、水泥，更看不到一点儿垃圾。满目的葱绿，满目的清澈。天格外蓝，云格外白，空气格外清新。大街上，随处可见自由活动的鸽子，人与动物和谐相处。多么迷人的画卷啊！这不是上帝的杰作嘛！这不是人类诗意居住的理想之地嘛！这不是人类苦苦奋斗最终要实现的梦境嘛！

这一切的一切好像都在述说着上帝创造的花园如此完美、如此壮丽，人间是天堂的复制品。天堂有多美，人间就有多美。天上人间也。

创世之初，人类歇息地——伊甸园就是这般美丽和谐。如今，经过一代代人类的挖掘开采、乱砍滥伐，地球已面目全非、伤痕累累。污染的环境来自于污染的心灵：急功近利、利欲熏心。污染的心灵带来可怕的后果：空气污染、土地污染、水污染、瘟疫滋生蔓延，灾难接踵而至。和谐被打破，平衡被毁坏，心灵失衡必然带来自然失衡，人类在海啸、地震、沙尘暴中无能为力，丧失生命。啊，我那将要逝去的伊甸园，我那将要逝去的净土！

创世之初，伊甸园的无比之美，语言无法述说，画笔不能淋漓描绘。

伊甸园是和谐的，人类敬畏风雨博施的宇宙。存谦卑的心，领受温柔的道，一切按秩序而行。日月星辰、山泽湖泊、人类皆归本原，人与天地精神往来，遵循自然规律，爱惜美妙绝伦的自然。

伊甸园是纯净的，风调雨顺。风是恩，雨是福，雪水是泉源。没有污染，没有灾难，没有疾病，没有硝烟弥漫，没有眼泪仇怨，没有坑蒙拐骗。亚当与夏娃彼此相爱，虔诚祈祷，谦卑和睦、祥云笼罩。

伊甸园是赞美、快乐的乐园，正像一首歌中唱到的：

地与海奏出歌韵，
磐石唱赞美歌声，
风雨电也歌颂。
全地奏响声势无比……

万物有灵，万物都在歌唱，礼赞天与地，赞美宇宙浩瀚无垠，万物各从其类、美不胜收、绚丽无比。赞美自然给予我们的一切，赞美秀丽的河山千姿百态。人类享受其中，多元而丰富。

澳洲以人为本，充满人文精神，尊重人，爱惜自然，崇尚自然，回归自然，才保留了伊甸园般的这一片净土。

但是，人类的贪取能将这少见的一片净土永远地保留下去吗？在我们的地球因为现代化进程的加快，气候变暖，带来灭顶之灾的时候，这难得的一片净土还能侥幸存在吗？但丁说："自然是上帝的艺术。"如果人的心灵不能回归伊甸园，那么，上帝就会关闭伊甸园之门，而且终将使其消失……

鸟瞰悉尼海湾

在空中鸟瞰悉尼,简直就是一幅壮美绝伦的山水画,似人间的伊甸园。

整座城市坐落在海边,像一颗璀璨的明珠,在南太平洋湛蓝的大海上熠熠生辉。一个个弧形的海湾,神工鬼斧般地造就了大大小小120多个星罗棋布的海湾和细软雪白的沙滩,把悉尼分割成一个个小岛、半岛,形成一个个海中花园,美丽如画。

一个个岛屿像一颗颗绿宝石,点缀在蓝蓝的海上,使单调的大海变得生机盎然。大海环抱着它,浪花簇拥着它。

悉尼的海,多姿的海,美丽的海。海因悉尼而美丽,悉尼因海而婀娜。

一个个海湾,就像一轮轮月牙。那蓝蓝的海水,就像蓝月亮。一个个蓝月亮,像一颗颗蓝宝石,镶嵌在美丽的大花园上。一幅多么美丽的画卷啊!

一个个海湾装点着白帆,像洁白的海鸥雪白一片。那些白帆都是私家游艇,这里有游艇的人太多了。游艇超市里,帆船层层叠叠,形形色色,让我们大开眼界。

一个个美丽海湾有许多好听的名字,最著名的是双湾、玫瑰湾。我们赶到玫瑰湾时,太阳西下。玫瑰湾把玫瑰色的夕阳都吸进自己的怀里,整个玫瑰湾一片玫瑰红,就像一个盛大的玫瑰园。别墅、绿树、白帆都被玫瑰朦胧了、染红了,就像喝醉红酒的美人,娇媚无比。玫瑰湾,就像一朵红玫瑰,在我心头开放,永不凋谢。

一个一个壮丽的海滩,有着一个个响亮的名字:邦迪海滩——海滩之王,日光浴和冲浪的绝佳地;黄金海岸——冲浪者的天堂,世界上最美的海滩。首尾相接的海滩形成一条长长的金黄色玉带，与蓝宝石般的大海之间，有雪白的浪花相连接。躺卧在沙滩之上，哪怕只是一会儿，也会永远迷恋、怀想。

一栋栋红顶、黄顶、蓝顶别墅，五颜六色，千姿百态，坐落在岛上，掩映在茂密的绿树丛中。从远处看，高级别墅密密麻麻，风格迥异，真是美极了！深入城中的海湾，给城中的居民送去荡漾的碧波、清新的空气，把“伊甸园”点缀得绚烂无比。住在这里的人，坐在家里就能看到大海，赏心悦目，润心润肺。白天看碧波万顷、百舸争流，夜晚听海鸥歌唱、海浪伴奏。虽涛声依旧，却美妙动听。

海岛上住着富人。湾边，有海鸥栖息，岛上，有豪宅林立。在悉尼，能看到海景的房子是最贵的。有钱人都在这些地方购房。他们拥有自己的私人码头和私人飞机，真是富得冒油。即使普通的工薪族，也都是家家住着带有泳池的别墅。

生存在这里的人们，可以说一出生就掉进了福窝。他们免费享用奶粉，免费受教育，尽情享受碧海蓝天，真让我羡慕不已。

离开悉尼的那天，披着漫天的霞光，我们登上观景旋转大楼，全方位鸟瞰、欣赏了沐浴在夕阳中的悉尼全景。作为大洋洲最大、最繁华的都市，悉尼拥有最辽阔的大海、细腻迷人的海滩、阳光充沛的海洋气候，得天独厚，以海景取胜。悉尼给了我空间、自由、阳光、纯净、安详的感觉。

悉尼的海湾，留在我记忆深处，像一泓清泉，滋润我焦躁的心田……

漫步情人港

情人港，是悉尼港的一个小翅膀，海边的一条栈道，一直伸到海里。左边是悉尼歌剧院，右边是悉尼大桥。

情人港，像上海的外滩，是情人的港湾、恋人的天堂。

情人港的风，轻轻柔柔，是杭州“暖风吹得游人醉”的那种暖风，似情人温柔的手，抚摸恋人微红的脸颊。上有天堂，下有情人港。

夕阳下的情人港，拱桥映衬着变幻的夕云，由金黄而姹紫，由姹紫而暗褐。

情人港的月亮，像恋人的眼睛，柔情似水、佳期如梦。浪漫的自然情调，让人充分领略着悠悠诗意。

南太平洋的海风以它特有的清新柔情，爱抚每一个漫步在这里的痴男情女。不像北半球北方的海，除了夏天，其他季节的风都是硬邦邦、冷飕飕的。尤其到了冬天，刺骨的北风夹着湿冷的潮气，让人彻骨地寒、透心地凉。

情人港的夜晚热闹非凡，充满浪漫的气息和迷人的魅力。悉尼歌剧院，像莲花般洁白美丽，绽放在情人港身边，它是情人港天然真实、美丽无比的舞台背景。皎洁的月亮和星星是天然的照明灯，把情人港这个天然的舞台照得温暖明亮。各种霓虹灯光倒映在水里，璀璨、绚丽、扑朔迷离。阵阵的涛声是大自然最美的音乐。它伴着清风朗月、椰风海韵，伴着雪白的浪花，演奏着迷人华丽的乐章，为情人港的情侣们献上一台浑然天成、自然流畅的颂歌和交响乐。

悉尼大桥像一道彩虹飞架在情人港的上空。色彩斑斓的灯光，把情人港点缀得浪漫而多情，空灵而朦胧，难怪这里像一块磁石吸引了无数人到这里漫步。海面上的桥影刚刚暗淡，立刻亮起一串串斑斓的光带，千万璀璨的霓虹灯，像珍珠般散落在波平如镜的海湾中。大桥上灯光齐放，好似镶嵌着无数的钻石，在黑丝绒般的夜幕上，晶莹透亮，伴随着水中倒影的衬托，为情人港增添了几多迷离、几多绚丽。

情人港的左边是白莲花般的歌剧院，右边是黑弯弓大桥，两组建筑，一水而隔，白与黑，精巧与壮美，对比鲜明。

虽然澳大利亚国土面积辽阔，人口却只有两千多万。平日行走在这片美丽的土地上，很少看到人，看到的牛羊却比人多。然而夜幕降临的情人港，却是人来人往、川流不息。当地的一对对情侣，漫步在情人港，加上游人如织，比白天不知要热闹多少倍。

情人港为情侣们预备了天然的舞台，美妙绝伦的景色，多姿多彩。那是大自然给予人类最美好的馈赠。感谢自然，感谢宇宙万物的无私奉献，让人类享受其中，陶醉其中。

漫步情人港，我为大自然的无私给予而深深感动，为大自然如此美好而感慨万分。

漫步情人港，有惬意，有温馨，有幸福。但由于人们的经历不同、处境不同，触景生情，也使人伤感、惆怅……

漫步情人港，我的内心百感交集，五味杂陈。我想起我的那些单身的女友，她们个个出类拔萃，却是伊人独徘徊。大千世界，茫茫人海，找一个知心伴侣却是难上加难。“山青青，水碧碧，高山流水韵依依。一声声如泣如诉如悲泣……”琴断有谁听？钟子期去世，伯牙一生不操琴，何也？士为知己者死，女为悦己者容，千古知音最难觅。惬意与释然属于那些找到知己的情侣。而对于形单影只的人，越美的地方反差越大，越发让他们忧伤满怀、触景生情、愁肠百转。但是，人生何处不逢情人港呢？哪一个怀春女子的人生航船不想停靠在有情人的港湾呢？我祈祷，愿天下有情人终成眷属。

情人港，情人们在这里漫步，脚步轻盈悠悠，闲适而放松。手拉手或肩并肩，没有更多亲昵之态。这里的情人们高雅、含蓄、自然。

情人港的情人与大自然融为一体，是真正意义上的情人。人们从肉欲的狭隘中走出来，被大自然的博大胸怀所感染、吸引，完全投入自然的怀抱，达到天人合一的境界。

美神和爱神在这里停歇，滴落下最初的宁静和盛情。梦来了，海浪和清风都散发着馨香。爱来了，浓情蜜意，鸟语花香。情人们在对方的眼中，就像这悉尼的情人港，永远披着神奇迷人的盛装，拥有多姿多彩的纯真美好的心灵。

漫步情人港的我，仿佛历经过一次情感的洗礼。然而，一个感情丰富、多愁善感的女子，怎样才算真正领会了情人港的真谛，不会辜负它的启迪呢？

作者于悉尼歌剧院前

复活的桉树

“野火烧不尽，春风吹又生”是对小草顽强生命力的赞美。有一种树，野火烧不死，死后又复活，且复活的生命更加旺盛。我要赞美的正是这非同寻常、死而后生的树——桉树。

在澳洲，无论你走到哪里，都有桉树的倩影。成片的桉树，组成了茂密的森林。桉树之多之高大之勃勃生机令人赞叹。

桉树是澳大利亚的国树。在澳大利亚东部沿海，茂密的森林郁郁葱葱，这广袤的森林中90%是桉树。桉树品种繁多，有500多种。最高的可以长到100多米，直插云霄，矮的只有一两米，呈灌木状。

澳大利亚的土地是地球上最贫瘠的，低碳、高铁的土壤，呈深红色；除了沿海地区以外，大多数地区属于沙漠气候，十分干旱。但桉树却能够在这种艰苦的自然环境中生存下来，而且茁壮成长，滋养着贫瘠的土地，成为这片土地的忠实卫士。

如果没有桉树这样的“土地卫士”，澳大利亚红色贫瘠的土壤早就被风雨吞噬干净了；众多昆虫、爬行动物、鸟类和袋类动物将因没有藏身之处和食物而灭绝，人们也就看不到只吃桉树叶的考拉那憨态可掬的样子了。

为了适应恶劣的环境，桉树在长期的磨炼中形成了许多独特的生长特点：为了避开灼热的阳光，减少水分蒸发，桉树的叶子下垂并侧面向阳；为了对付频繁的森林火灾，桉树的营养输送管道深藏在木质层的深部，种子也包在厚厚的木质外壳里，一场大火过后，只要树干的木心没有被烧干，雨季一到，就又会重新发芽、生长，而且愈加生机盎然。桉树种子不仅不怕火，而且可以借助大火把它的木质外壳烤裂，便于生根发芽。

这就是生命力极其顽强的桉树，不屈不挠，千锤百炼；这就是野火烧不尽的桉树，它彰显着一种死而复活、焚烧更茁壮的可歌可泣精神。

桉树不仅生命力顽强，而且浑身是宝。当地土著人离不开桉树。桉树可当储水罐。有一种桉树的树干是空的，不少树干里面充盈了可以饮用的水。在没有水的地方，土著人用木棒敲敲树干，就知道里面有没有水。

桉树的花为粉红色缨状，以桉树花为食的蜜蜂的产蜜量很高。

桉树叶含桉树脑，是制药的重要材料，有催眠的作用。考拉最喜欢吃桉树叶，于是，嗜睡不起，一天睡 18 小时也不嫌多。

土著人还用桉树干做成管乐器，吹出他们心中的哀与乐。随着时代的发展，桉树的用途越来越广。桉树木质坚硬，是盖房子、做家具、制造电线杆和铁路枕木的最好材料，木材大量出口。桉树是个全能冠军。

桉树看上去没什么特别之处，既没有杨柳的婀娜多姿，也没有白桦树的美丽凝重。然而它的生命力之顽强令人赞叹。

桉树

孤独的“望夫椅”

与悉尼歌剧院隔海相望的山坡上，是欣赏、拍摄悉尼歌剧院、悉尼港湾大桥全景的最佳方位。我兴致盎然地拍完照，便沿着盘山道漫步，一条长石椅子吸引了我的目光。

枝繁叶茂的桉树，像一个大遮阳伞罩在长椅上。长椅很普通，却吸引了很多人在此留影。这条椅子一定非同寻常，我心中暗暗思忖着。走过去，但见一个牌子上写着：“望夫椅”——麦考里夫人座椅（Mrs. Macquarie Chair）。果然这不是一条普通的椅子，这里有典故，有故事，有一段爱情传奇。

或许是心理原因，坐在麦考里夫人座椅上，有种异样的感觉，似乎自己也变成了椅子的主人。阳光透过桉树缝隙，洒在脸上、照在身上，普通的椅子变得尊贵而温暖。端庄而坐，仰脸远眺，悉尼歌剧院和海港大桥在湛蓝的大海映衬下，分外壮观美丽。

麦考里，“现代悉尼缔造者”的第四任总督，是一个来自英国的改革家。他整日忙于公务，经常很晚才回家。每5年还要回一趟英国去述职。因路途遥远又无飞机，来回一次需要很长时间。每当夕阳西下，麦考里夫人便坐在桉树下，遥望丈夫回来的方向，望眼欲穿，等待丈夫归来……

我眼前变幻出一幅美丽的画面：一个端庄美丽的女子，在悉尼山坡上，在微漾如水的月光下等候一个人。槐树下的阴影渐渐浓了，铺展成了女人没膝的长裙，于暮霭中摇荡着无声的风情。思念的海水就那么流淌着，是默念丈夫名字、含着泪在流淌。茫茫苍苍的石板路镶嵌装饰着天空，记忆的绿苔凉滑遍地。街道上飞翔着鸽子的翅膀，灼人的只有风和沉重的目光。那时你抬起头，漫天里都是丈夫的身影和自己的泪光。

山高的地方，会有溪水流淌；男人似坚强的屋宇，却要靠女人支撑。无言的等待，默默地守望，长椅述说、见证着他们的爱情地老天荒。平凡着，却高贵着，爱的光芒璀璨着，留在了悉尼山坡的高岗上。

岁岁年年，花开花落。为纪念这位鞠躬尽瘁的总督和与他相守相望的夫人，悉尼人特意保留一块小型草坪和石椅，并称石椅为“望夫椅”。后来麦考里当上了总理，这石椅也被称为“旺夫椅”。在中国，“望”与“旺”谐音，因而这普通的长椅有了特殊的寓意。中国来的女同胞大都愿意在此坐一坐，希望带回去一些福气、运气，找到好丈夫，并使丈夫事业兴旺发达，家庭幸福。

岁月流逝，沧海桑田，物是人非，不变的是美丽的爱情。如今这把椅子仍然孤独地遥望着远方，遥望悉尼港，一如美丽贤惠的麦考里夫人，站在山坡上眺望丈夫归来的方向。那目光穿过时空，印在悉尼的大海上，留在长椅上。

麦考里夫人也许是孤独的，但南太平洋的大海可以作证，她的心中因为有了爱，有了盼望而不孤单。一个心中有望有爱的人，她的心中永远是春天。而没有爱与盼望，即使整天厮守在一起，也是貌合神离，同床异梦。当爱无所附丽时，心是飘浮不定的，无寄托的，空虚的。唯有爱能填满，唯有爱使生命有意义，绽放绚丽。短暂的生命因爱情而变长、变宽、变厚。没有爱，一切都失去光彩，都毫无意义。

爱惜芳心莫轻吐，且教桃李闹春风。坐过异国他乡望夫椅的我，百感交集，心中充满了憧憬……

澳洲天鹅湖

最早听到天鹅湖的美称，是柴可夫斯基创作的不朽乐曲——《天鹅湖》，其抒情、昂扬、大气之美，荡气回肠，百听不厌。

芭蕾舞剧《天鹅湖》我看过多遍，都是由俄罗斯皇家芭蕾舞团演绎的经典，真是百看不厌。

当大幕徐徐拉开，在一汪碧蓝湖泊的背景下，白天鹅们在湖边轻盈起舞，像一群洁白的天使，伴着柴可夫斯基创作的绝美音乐，我的心儿沉醉不已，记忆的大陆上便涌起一潭迷人的湖水：美丽的月色，可爱的天鹅成群结队地在碧蓝清澈湖面上游弋、亲昵、起舞，述说永恒的眷恋。上岸之后，白天鹅变成了一个个纯洁的少女。于是心中就有了一个永恒的天鹅湖，一个对美丽湖泊的憧憬，并生发出许多美好遐想。

若干年后，终于梦想成真，来到美丽的天鹅湖畔，尽情徜徉，尽情享受，尽情挥洒诗篇。

这个天鹅湖在南半球的新西兰，她的芳名叫罗托鲁瓦湖。

罗托鲁瓦湖位于新西兰北部的罗托鲁瓦市，是新西兰北岛中北部湖泊，为由约20个湖泊组成的湖群中最大的湖，面积80平方公里，是火山爆发后留下的火山口，矿泉疗养地。莫科亚火山岛是毛利人的圣地。许多动人的故事成为毛利人的传说与历史，如幽灵战舟漂泊于迷雾之中，情人悄悄游过湖泊到隐秘处幽会。

现在，你可以在这些湖光摇曳的火山湖中游览、划船、滑水和驾帆，也可以在汇入湖泊的急流上漂流。在罗托鲁瓦,你可随心所欲地享受这里壮丽的美景,无论是休闲、游乐,还是做冒险活动。

这一潭明净如镜的湖,被蓝天映照得海一样蓝。湖水清澈,悠悠荡漾,比天空更湛蓝,比天空更清新空灵。湖里游动着白天鹅、黑天鹅和成群的野鸭,还有湖边散步的鸽子。湖中,一群群天鹅,逍遥畅游,有的一家三口,有的成双成对。鲜绿的草地,红的、黄的、绿的各种树环绕着纯净的湖,如诗如画。来到此地,我一下想到天鹅湖,天鹅湖一定是这样美丽。

我在湖边徜徉、品味、遐思。无意间看到一家三口的黑天鹅,怡然自得、无忧无虑、慢慢悠悠,游到湖边筑巢。那个身材魁梧一点儿的黑天鹅,不停地用嘴叼起一条条青藤,围成一个圆圈,围在另外两只一大一小天鹅身边。我想一定是他的妻子、孩子。我默默地观察凝视它们好久。丈夫天鹅一刻不停地劳作,不辞辛苦,默默奉献,对妻儿的呵护和爱,细致周到。

同伴娓娓道来一个忠贞不渝的爱情故事。

湖中有一天鹅雕像,如真天鹅般惟妙惟肖,一只天鹅恋上了它,天天在此守望,年年岁岁,一生之久,其忠贞不渝传为美谈。在人看来,这只天鹅好傻,守着一个天鹅雕像付出一生。我们且不去看这只天鹅的行为,单单看这种守望爱情的精神,如此痴情、专一,就足以让人感动。难怪人们把天鹅视为忠贞爱情的象征。对感情恒久、白头到老者,称为天鹅伴侣。据心理学家研究:人的热烈爱情只有 18 个月左右,能够天长地久、白头到老者,是一种责任和义务在维系着。地老天荒的感情虽然可能不再被称之为爱情,但却比爱情更加感人。

湖的四周长满了大片绿草、枫树,红的、黄的枫叶翩然飘下,仿佛星星镶嵌在碧空,把绿地点缀得分外美丽,如诗如画。鸽子、海鸥也来起舞欢歌,锦上添花。湖被绿地、枫林拥抱,被雪白的鸽子亲吻,被痴情的天鹅眷恋。作为世界上最美的地方之一,罗托鲁瓦湖的确名副其实。

纯净的湖泊,美丽的传说,清澈的小溪,如火的枫叶,洁白的鸽子,忠贞的天鹅…… 这一切都在展现天鹅湖之美。这不是伊甸园中才有的情景嘛!这不是我向往已久的天鹅湖嘛!

如此洁净的湖、洁净的环境，使人的身心完全放松，与天地交融，与自然邂逅。

大自然的纯净与恩惠，永远无私给予人类。

2009 年圣诞节前，我再一次观看了俄罗斯皇家芭蕾舞团演绎的《天鹅湖》，心灵又一次被震撼。经典的、优秀的文化，永远散发着经久不衰的艺术魅力和生命力，芳香永存。

天鹅湖是圣洁的代名词。天鹅在轻盈起舞，天使在无声歌唱，仿佛天堂般圣洁美丽。

天鹅湖是纯洁的别名。天鹅只选择纯洁的湖泊生存歇息，在污浊的地方是找不到它们的。

天鹅湖是纯美爱情的象征。王子与天鹅坚贞的爱情，勇敢地战胜了恶魔，得到完美结局，是爱情战胜死亡、正义战胜邪恶的诠释。天鹅对爱情的专一，人类为之赞美讴歌，让滥用感情、视感情为儿戏的人自愧不如，抱愧蒙羞。生活中真正生死与共、甜蜜和谐的天鹅伴侣又有几对？

新西兰罗托鲁瓦湖

洁白橘子花

百合花、兰花或开在幽谷，或开在旷野，或开在庭院。然而有一朵洁白的花开在大海上，她就是闻名遐迩的悉尼歌剧院。

悉尼歌剧院不仅是悉尼的标志性建筑和象征，更是悉尼的灵魂，是公认的20世纪世界上最具有特色的建筑之一。这张世界名牌，以它独特的造型、美丽的姿态，被世界各国人们所称道、喜爱。

如果把悉尼比作一个美丽的少女，蓝色的海湾就是它舞动的彩裙，歌剧院就是她胸前闪光的胸花。

悉尼歌剧院，俏丽多姿，是灵感个性的产物。它造型奇特，像剥了皮的橘子，一瓣一瓣吐馨香。只是这个橘子不是橙色的，是洁白的，像洁白的莲花，开放在蓝色的大海上，笑迎八方客。又像高扬的风帆，即将出征，劈波斩浪。她的不拘一格、独树一帜，再一次显明崇尚个性、自由发挥，鼓励创新的民主意识，是社会进步的催化剂、推动力。而千人一面、千篇一律、人云亦云，只能压制人们的创造性，盛产奴才和庸才。

世界各国都有歌剧院，唯有悉尼歌剧院大名鼎鼎，家喻户晓。

悉尼歌剧院位于贝尼朗岬角，毗邻杰克逊海港。贝尼朗是一个土著人名，他曾帮助第一批移民澳大利亚的英国人在此登陆。为了纪念他的功劳，这一海湾以他的名字命名。

这个地方，原为澳大利亚土著人视为神圣的望海之地，也是军事要塞，歌剧院在此选址，有延续传统文脉的意蕴。一道海堤与陆地相连，歌剧院以一座很高的混凝土平台为基座,门前有一条世界最长最大的室外水泥台阶。白色屋顶由100多万片瑞典陶瓦铺成,并经过特殊处理,不怕海风的侵袭,永葆洁白美丽。

悉尼歌剧院的设计者是丹麦著名设计师约恩·乌松。但大多数人只记得悉尼歌剧院,设计大师的名字却鲜为人知。

悉尼歌剧院从20世纪50年代开始被构思兴建,公开搜集世界各地的设计作品,建设工作从1959年开始,1973年完成建造。据设计者晚年说,他当年的创意来源于橘子。正是那些剥去了一半皮的橘子启发了他,由此被刻成小型模型,放在悉尼歌剧院前,供游人们观赏这一平凡事物引起的伟大构想和奇特创意。

悉尼是幸运的。在那里我们听到了有关悉尼歌剧院的传奇故事。它的设计稿原本是草图,因为主评事情太忙,没有及时参加评审会,评审团从作品中选了三件,没有这一件。当主评回来时只看到了那三件。没想到主评坚持要看到所有的作品,于是,它的设计稿在废纸堆里脱颖而出,出水芙蓉般楚楚动人。经过主评的一再推荐,最后选择了这个已经被丢弃的设计方案。真佩服设计者,更佩服那种锲而不舍、认真负责的精神。如果不是主评的坚持,这张珍贵独特的设计图只不过废纸一张,这座美丽的建筑就不会诞生,成为世界建筑史上一颗耀眼明珠,魅力四射。

就这样她应运而生了,像出水的芙蓉,开在湛蓝的大海上;像纯洁的白玉兰,绽放最美的容颜;又像激荡的风帆,要出征扬帆远航。

她不但外表美丽、超凡脱俗、别具一格,令人耳目一新,当你走进她的内心,了解她、品味她,你会为设计者高度负责的精神、远见卓识的眼光而钦佩不已。

我们走进歌剧院参观。它的每一块玉石板,四角都打了眼,安上活动螺丝。年久磨损需要更换时,可随时拧开螺丝钉,进行更换维修,哪块坏了换哪块。我被设计者的精益求精、尽职尽责的精神深深感动。

悉尼歌剧院本身就是一部永不落幕的恢宏大剧。这洁白的橘子花向世人展示的不仅是它的别致和壮美,更是它的设计者和建筑者的忠诚与信仰。国内那些屡禁不止的豆腐渣工程和半拉子工程的操作者,真应该到此参观,悉尼歌剧院一定会让他们脸红羞愧的。

库克船长小屋

我们到澳洲的第一站墨尔本，是维多利亚州的首府，素有金融之州、学府之都的美誉，导游对它大肆渲染了一番，我没记住什么，却对库克船长小屋印象颇深。

在墨尔本市中心菲茨罗伊公园里，有一个小景点——库克船长小屋。桉树、榕树与棕榈树高大而挺拔，掩映着北半球很少见到的花草，烘托着公园里静谧而安详的景致。当我们从金矿赶回市内时，夕阳已在亚拉河上泛着金光。

在暮色苍茫中，我们走进小院。库克船长小屋是一栋破旧的英式小楼，斜顶铺瓦，石砌墙面，在英格兰北方是最常见的农舍，简单又朴素，暗褐色石块勾以白色灰缝的墙面，显示小屋已久历沧桑。

小屋前前后后的花园里，有人工精心栽种的许多兰花与香草，正面的墙壁上爬满了茂密的常青藤。小屋门口左侧飘扬着一面英国国旗。小屋门口右前方的小道旁，伫立着库克船长那尊久经风雨已呈暗绿色的铜像：头戴三角军帽，穿着18世纪英国皇家海军的军服，身佩腰刀，左手持一纸航海图，右手握一柄单筒望远镜，深邃的目光凝视着远方，似乎仍在思索未竟的航程。我禁不住对这位发现新大陆的航海探险家投去钦佩的目光。

库克是18世纪英国的一位探险家、航海家和制图学家，聪明而富有传奇色彩。以进行了三次探险航行而闻名于世。他留下的航海日志，为人们提供了大量精确真实的航海信息。他是继哥伦布之后，在海洋地理方面拥有奠基性发现的航海家。

1728年出生于英国约克夏郡一个农场帮工家庭的库克，18岁上船当水手，后到英国皇家海军服役,4 年后升任船长。他打过仗,做过海洋测量,而涉足远洋探险纯属一次意外的重托。

那是 1768 年春天的一个下午,库克得到英国国务大臣的召见,要他率领一支远征考察队,去太平洋上的塔希提岛考察百年不遇的“金星凌日”现象。于是库克船长率领 20 名水手驾驶“奋进”号三桅帆船,开始了远征航行,对太平洋进行了较全面考察。在考察探险中,他发现了澳大利亚、新西兰、夏威夷和太平洋众多的岛屿,是第一位绘制澳大利亚海岸海图的人。

自从库克发现了这片新大陆,欧洲移民就源源不断潮水般涌来,在此定居、发展。

库克船长小屋是他当年在英国出生时居住过的。1934 年墨尔本纪念建市 100 周年时,恰逢库克去世 150 周年,澳大利亚实业家拉塞尔爵士出资,将库克船长的故居买下,作为礼物送给墨尔本市民。人们把这座故居小心地拆分开,把每一块建材编号,装在 253 个箱子里,总重量 150 吨,由英国万里迢迢海运到墨尔本,再照原样组建而成。

从北半球的大不列颠到南半球的澳大利亚,不远万里运输一栋小屋,是澳洲人多么深沉和温馨的寄托。在当地仿造这样的一座小屋是举手之劳,但他们却劳师远征,费尽周折,要的就是原汁原味的库克船长小屋和充盈着库克印记、库克气场的氛围。

小屋分上下两层结构,楼上是库克父母的卧室,楼下是厨房和会客厅,还有一间是库克居住的小卧室,室内的陈设都按当年的情形布置。凡是来墨尔本的游人们,都会将镜头对准这座普通的小屋。小屋虽小,没有宫殿的富丽堂皇,却让人肃然起敬。小屋普通,但小屋的主人不普通,他是身居小屋、胸怀全球的人,他用不凡的人生书写了发现澳洲新大陆的史诗。虽然他的名气没有哥伦布大,但其意义一样深远。

凝视小屋,我的心中响起德沃夏克那首气势恢宏的乐曲《新大陆交响曲》。昂扬激情的旋律一直为我所钟爱,今天站在库克发现的新大陆上,对这首乐曲有了全新的体验、全新的感受。

如今，库克船长小屋静静地伫立于苍翠绿树之中，有着二百多年历史，来自北半球的小屋，历经南半球七十多年风雨侵蚀，越发显得沧桑，屋顶上古旧的瓦片早已长出了墨绿色的苔藓。这一切都像在告诉来访者，历史的一页已经翻过去了，正在渐行渐远，而库克船长在世界航海史上的贡献将不会被人们遗忘。

屠格涅夫说："天才的发现之所以伟大，正在于这些发现成了万人的财富。"库克船长的航海探险就是这样的发现，使荒漠变成了绿洲，使沙漠变成了花园。它也充分证明了：小小的梦想能改变世界，只要大胆探索、勇于开拓。

慕名而来瞻仰库克船长小屋的各国游人，都像我一样怀有同样的心情。

澳大利亚墨尔本库克船长小屋

黄金海岸

黄金海岸，一个响亮的名字。常听从澳洲回来的友人对你赞不绝口。心中便生长出一个相思海的梦，一个期盼和憧憬。梦想着来到你身旁，一睹你的美丽清纯和脱俗的气质芳华。

本以为你是海滩的名字，抵后方知你是一个城市的名字，是美丽伊甸园的代名词，你的内涵丰富而多彩。

你的美丽不单单是海岸线的平坦绵长，雪白的沙滩细腻柔软，像一条洁白的玉带，系在黄金海岸的腰带上，又像银白的裙边，镶嵌在蓝宝石般湛蓝无垠的海面上，与朵朵浪花相连接。更有世外桃源般的天然美景：热带雨林形成黄金背景的翠绿，珊瑚岛、瀑布数之不尽。所到之处，处处野芳幽香，佳木秀丽，海鸥盘旋。

这是城市生活与澳洲沙滩文化奇妙的结合：高楼林立的购物中心、停泊私人游艇的海景别墅、多文化背景的风味餐厅……一切都是那么协调、自然。如果能与自己心爱的人在此长长的海岸线悠然而行，伴着海浪拍岸的节奏，真有点儿漫步人生路的感觉。

这里的海是温温暖暖的，很少有台风、海啸。亚热带的气候下，浪花热情亲吻着沙滩。

这里的风是柔柔和和的，没有寒风怒吼、冰冷刺骨，年平均气温 24 摄氏度，特别适合人居住，是人类歇息生存的理想家园。

一座座美丽的城镇、村庄，全是别墅，星罗棋布，五颜六色。各种颜色的宽敞别墅被各种亚热带植物环抱着。房前屋后，是绿色的海洋、花的世界，真实桃花源也。陶渊明笔下的桃花源隐秘在山洞里，是世外桃源，与世隔绝；而这里的桃花源处于市中心，是现实桃源，人人可见它的美，欣赏它的美，体会它的美：闲适、幽雅、怡人、宁静。

一条条河流，从绿草坪与树林间穿过，把每家每户隔开。家家户户的别墅后院都有一个小桥通往河道，是私人游艇停靠处。这里的河可真多，几乎家家后院都有河。那些河流像一条条小溪，悄悄流淌，不浩荡、不宽阔、不喧哗。不像周庄的水那样明亮耀眼，吸引众多人流连观赏。它们与平地一般高，掩映在草坪与树林间，从远处几乎看不出来那里有许多条小河。它们默然无声，深藏不露，静静地流淌。

有河的地方就会有桥，这里却看不到桥，大桥、小桥都不见。这里人烟稀少，河流涓细，无须建桥。只有栈道，从每个别墅后身伸到河里，那是私家船、游艇停泊的港湾。出门坐船，无须步行过河。小河、小栈道、小房子，家家别墅，前街后河，果然名不虚传。

这里旅游业发达，500 家酒店，13 家 5 星级，是人间仙境，也是旅游度假的佳地。70 公里的海岸线，42 公里的沙滩，绵延不断。高速路免费使用，汽油价格低廉。

我们下榻的酒店就在海边。起了大早跑到海边，清新的空气沁人心脾，我的五脏六腑都被清洗了一遍。滨海大道上，不允许跑车，许多人在跑步、散步。海风滋润心田，碧海悦人眼目。漫步在海滩上，有一种天高地阔、人海相融、精神振奋、松弛飘逸之感。没有烦恼，放下缠累，轻松活动，尽情享受。人与自然完全融为一体，何等美何等妙！此时此刻，人们在尽情享用黄金海岸的恩惠，也在衷心感谢大自然的慷慨。

离开黄金海岸的那一天，我又起了大早，一个人来到海边，在沙滩上、礁石上奔跑雀跃。海边人不多，一位老翁带着孩子在玩耍，鸽子也来敛羽漫步。清新的空气，温柔的海风，翠绿的植物，碧蓝的海水，白细的沙滩，一切都令人心旷神怡、喜乐流淌。我恋恋不舍，真想住上几个月，把身心调整一番。这里的海风也似乎有情有义，具有穿透力，懂得我的心意，能把我心中的苦闷、堵塞疏通，洗得清澈，完全彻底。

奇异鸟·奇异果

新西兰之行，印象最深的是奇异鸟和奇异果。

奇异鸟，真的奇异。它的长相奇异，去掉长长尖尖的嘴，像奇异果又像小鸡。它的特性奇异，是鸟，却没有翅膀，没有尾巴。它的生活习惯奇异，白天睡觉，晚上活动。每天沉睡20小时，只在暗夜里活动4个小时，也许是为了躲避天敌的无奈选择。

奇异果的老祖宗，是中国的猕猴桃。中国民间传说：猕猴桃这种毛球野果，是深山砍柴人在猴子嘴边发现的宝贝，猕猴桃由此而得名。

鸟与果，没有任何联系。然而，在这片神奇的土地上，它们长相极其相似，人们便觉得不可思议，便分别给它们起名叫奇异鸟、奇异果。

悲情奇异鸟

奇异鸟是可怜的，也是可悲的。它们有眼睛却看不见，是睁眼瞎，只能靠嗅觉觅得食物。像盲人一样，一生都在黑暗中行走、生活。

我们去参观奇异鸟时，从大太阳底下走进黑漆漆的洞穴，看见了不远处一片模糊的光影。这洞穴是给它们筑的窝，供游人参观。实际上它们不住在洞里，住在林子里。洞穴深处，一面玻璃隔出一小片仿生林地，灯光发出冷暗的月色，照在一只走动的奇异鸟身上。我在黑暗中观赏它的时候，不禁感叹又怜悯。

新西兰诸岛，是从大陆板块上漂离的碎片，只带出来屈指可数的几种动物，其中就有奇异鸟。奇异鸟敦厚和平,与世无争,身世离奇,可以编写成一篇警世恒言故事。

奇异鸟曾在新西兰这片世外桃源过着漫长而舒服的日子。后来毛利人乘着独木舟漂到新西兰,他们带来了狗,并且开始砍伐森林。家狗很快变成野狗,野狗喜欢吃奇异鸟的蛋和幼鸟。奇异鸟生息的林子也一点点缩小。18 世纪,库克船长登陆新西兰,带来了猪,家猪很快变成野猪,加入到奇异鸟天敌的行列。奇异鸟无忧无虑的日子结束了。

最早的奇异鸟,有一副翅磅,可以自由飞翔,但自从生活在新西兰后,少了天敌威胁,它便不再辛苦地飞起落下,在优哉游哉中机能退化,神气几乎丧尽,连一身硬扎的羽毛也变得松软、垂搭,滑向灭绝边缘。

养尊处优,不思进取,没有竞争对手,缺乏劳动锻炼,是所有生物退化的根源。劳动创造美,劳动带来进步。没有压力就没有动力,对生命感悟最深的人,是处于绝境的人。

时至今日,新西兰仍是一片没有猛兽的温柔乡,动物种类稀少,但即使在这种环境中,奇异鸟也很难应付,勉强保得住自己,却保护不了后代,95% 的鸟蛋在出生后几周内便成了天敌的佳肴。照这样的幸存概率,到 2015 年,奇异鸟很可能就要灭绝。因此,近 10 年来,新西兰在实施一项保护计划:捕捉雄鸟,装上无线电跟踪器;迅速行动,在小鸟出壳前,及时改由人工孵化,人工喂养小鸟,待小鸟长大,送归野外。

在这里,奇异鸟是悲情的,也是幸运的。新西兰人不仅把它们当成朋友,甚至当成了自己的孩子,爱护有加,真是用心良苦,令人赞叹。

奇异鸟,与鸸鹋和南非的鸵鸟,并称“世界三大奇鸟”。卡通画上的奇异鸟,煞是可爱逗人,但见了现实中呆滞委顿的奇异鸟,联想起它的前世今生,只觉得可怜可哀。奇异鸟的这副模样,怎能与新西兰人引以为傲的奇异果相媲美?

励志奇异果

在新西兰有大片的奇异果果园。那天,我们走进果园,满园的奇异果硕果累累,一串串,泛着金色的光芒,散发着阵阵清香。咬一口,软嫩香甜,比国内的猕猴桃好吃多了。

徜徉果园,头顶一片湛蓝,真令人神清气爽,无比惬意。我仿佛置身于伊甸园中,喜乐满怀。感谢自然,给人类奉献了这么多美味佳肴,享用不尽。

从猕猴桃到奇异果,有一段与奇异鸟的经历截然相反的励志故事。

1904 年,第一粒来自中国的猕猴桃种子埋进新西兰的土壤。经过数十年改良,终于标新立异、自成一家。果皮上褪去了毛,果肉变作金黄色,酸涩味消失,代之以热带水果风味的甜香。它们觉得,自己的小毛球已大不相同于它的中国老祖宗,可自立门派,让猕猴桃像奇异鸟一样,成为世人公认的新西兰特异物种。于是他们把小毛球改名为“奇异果”。

20 世纪末,新西兰人推出金色奇异果。从 1998 年第一批出口,很快风靡全球,声名大噪。如今奇异果已是新西兰最大宗的蔬果类出口商品,在全球占有 30% 的市场份额。

从一个毛球猕猴桃,变成金色奇异果,并成为这个国家的名牌产品,这里渗透了科研人员的辛勤劳动,体现了一种不断追求创新、锲而不舍的奋斗精神。如果满足于现状,不求改良,猕猴桃永远是酸的,带毛的,就不会由酸变甜,由绿色变金黄,永远不会变成奇异果。

新西兰人以智慧和耐心,让一个外来的物种在自己的土地上优选进化,拥有了自己亲手创建的伊甸园,书写出一篇奇异果的励志故事。

自然之都

堪培拉,你是自然之都。你像一颗瑰丽的珍珠,镶嵌在南太平洋澳洲板块上,光彩夺目,熠熠生辉。

世界上大多数国家的首都,都以其繁华和庞大而著称,不仅是政治文化中心,也是经济金融贸易中心。高楼林立、光怪陆离、人口集中、浮躁喧哗是普遍现象。

然而,来到澳大利亚首都堪培拉,看到的景象却与众不同,令人耳目一新。

堪培拉,你融于自然,钟情自然。宽阔的公路、街道上,没有高楼大厦、灯红酒绿,看不到车流滚滚、人潮汹涌,听不到人声鼎沸、汽车轰鸣。鲜花默默开放,草树静静生长。一切都是那么静谧、祥和。

堪培拉,像一泓宁静的湖,恬淡怡然,无声无息。

堪培拉,像一片自由的水域,碧波荡漾,波澜不惊。

堪培拉,像一座美丽的大花园,蜂飞蝶舞,鸟语花香。

堪培拉,像一个清纯的妙龄少女,楚楚动人,文静优雅。

不管冬去春来,还是人来人往、游人如织,堪培拉淡定自若,宠辱不惊。游人来了,你不热烈喧闹;游人离去,也不寂寥惆怅。无论走到哪里,都看不到人为的刻意的宣传标语和大肆渲染的广告。天然素朴、清新脱俗、亲切可人,清水出芙蓉,天然去雕饰,这就是堪培拉给我留下的美好印象。

堪培拉,更是爱之都,留下了永恒的爱的结晶。

整座城市的设计独具匠心,是按照一座大花园设计的。我们去的季节,正赶上堪培拉的秋天。红的、黄的、绿的树，色彩鲜艳，许多是从美国移植来的，把城市点缀得五彩缤纷。

这座“大花园”的设计者是美国著名建筑师格里芬夫妇。这座自然之都，是他们爱的结晶。当事业与爱情紧紧拥抱时，他们谱写了壮丽辉煌的人生乐章。有了共同的事业、共同的爱好，爱情之花开得更娇美。如今虽然他们已离开了我们，但他们把爱留在了这里，把美丽留给了人间，让后人世世代代享用不尽……

“大花园”以格里芬湖为轴心，围绕它展开布局设计。以格里芬名字命名的格里芬湖，形状像放光的太阳，位于堪培拉市中心，横跨联邦桥和国王桥，将市区的南北两部分连接起来。把政治中心设计成圆形，四面的道路像太阳放射的金光通向每个州的州府，每条道路用州的名字命名，象征紧密团结在以首都为核心的周围，构思多么奇特啊！

湖心的库克船长喷泉，是为纪念库克船长上岸200周年而建，水柱高达137米。

国会大楼，作为堪培拉最显眼的标志性建筑，高大宏伟，是澳大利亚总理和议员商讨国事的办公场所。矗立在大厅顶上的不锈钢旗杆，高达81米，直插云霄。

放眼远望，格里芬湖畔另一边的战争纪念馆与国会大楼遥遥相望，述说着一个个悲壮英勇的故事。绿色的圆顶，融进了设计师祈盼和平的美好心愿。

英雄纪念馆坐落在市中心，作为一个主要景点供人们参观，表达他们对军人的憧憬和怀念。纪念馆门前宽阔的马路两旁建有一些纪念碑，以纪念曾为这个国家的自由、正义和信念而献身的人们。

参、众两院建在国会山上，分别用两种不同的颜色——红和蓝装点。屋顶是透明的玻璃窗，可以看到天上的星星。国会山也是这里最高的建筑。在繁星点点的深夜，山下的人可以看到国会大厦的灯光、忙碌的身影。

各国使馆区建在山上，体现了不同国家的特色，一个比一个漂亮。

走进参、众两院，颇有些兴奋。圆形的大厅，座椅环绕，是为普通群众旁听设立的，而且特别设立了学生旁听席位。百姓代表可以在这里参政议政，而不仅仅是走形式的举手表决。在这里，我对民主、平等的内涵有了直接的感受，对人民当家做主有了进一步的体会。

走出两院，一楼大厅正面的整面墙上，巨幅深秋桉树林油画，颇像白桦林，耀人眼目，代表了一个民族的精神追求和精神品格。

堪培拉，你是大自然中绽放之花，与大自然紧紧拥抱，不愧为自然之都、伊甸园之都、爱之都。在这里，我不仅享受了天然之都的美丽、宁静，更感受了民主、自由、平等的和谐之美。这不正是伊甸园的内涵、理想之境界嘛！

作者于澳大利亚堪培拉市

没有围墙的大学

来到阳光之城——布里斯班，真的感到了阳光的灿烂和温暖。我脱下长袖毛衫，换上了半袖夏衫。

一条长446公里的大河将布里斯班分成南北两部分。两岸林立的高楼，隔河相望。锦簇的花团，沿着长河镶嵌在河两岸，形成了花的长廊。

南岸花园附近坐落着一所大学——格里菲斯大学，是培育电影制作、音乐人才的摇篮，世界知名学府。

从河边去校园参观，不知不觉中就进入了校园深处，没有校门，没有围墙。原来这是一所没有围墙的大学。

校园里长廊亭榭，绿树翠竹，曲径通幽，仿佛中国江南水乡的秀美景色。因无围墙，校园与南岸花园连在一起，浑然一体。分不清学校在花园里，还是花园在学校中，无人造围墙，无人为的藩篱，似乎也无须防范，可见这里的安全与开放心理。

在没有围墙的大学里，还有两处景点：没有袋鼠的袋鼠角，没有故事的故事桥。一个小亭子就叫“袋鼠角”？哪里有袋鼠啊！原来，很早以前这里是悬崖，人们捕捉袋鼠，追到悬崖边，袋鼠只会进不会退，被逼无奈，只好纵深一跳，“壮烈牺牲”，袋鼠角由此而得名。

没有故事怎么还叫“故事桥”呢？原来，有一个老人叫Story，翻译过来就是“故事”的意思。他设计了这座桥，并把一生奉献给这座城市。人们为了纪念他，把这座桥起名叫故事桥。故事桥不长，是一座小桥，但它却是全世界仅有的两座手工制作的大桥之一。

这所大学，与大河、与袋鼠角、故事桥联在一起，便有了几多典故，几多浪漫情调，令人遐想翩翩。

漫步在没有围墙的大学里，我想起小说《围城》中的经典论述："城外的人想冲进去，城里的人想冲出来，工作也罢，婚姻也罢。"钱钟书大师道出了人生的真谛。

是的，城外人羡慕城里人，城里人羡慕城外人。人们总是不能满足现在拥有的，往往这山望着那山高，因此便容易酿成"得到的不珍惜，失去的才觉可贵"的悲剧。

伊甸园中的大学就应该是无围墙的，无大门的。因为那里没有罪恶，没有危险，只有祥和、温暖，彼此相爱。人们不用提防，不用惊慌，尽情享受夜不闭户、路不拾遗的太平盛世。平等、自由、博爱，学习、劳动、歌唱，无忧无虑，地阔天高，像小孩子一样纯真快乐，幸福生活。

澳大利亚布里斯班的格里菲斯大学

云的故乡

一踏上新西兰土地，就有种特殊的感觉：无论走到哪里，头上总有厚厚的低云相伴。

云对这里格外青睐。无论是晴天还是阴天，总有成群结队的云参加盛会般聚集，笼罩在这片净土上。阴天，云彩笼罩蓝天是常理，而大晴的天也飘着众多的云，却是稀罕。云朵低垂着，离地面很近，仿佛举手可摘。“万里无云、晴空万里”两词，在新西兰是用不上的。岛上最早的土著毛利人，给新西兰取名叫“长白云之乡”。

云眷恋这片土地，因它的纯净、湿润、美丽，这里本该就是云的故乡，因为这里像伊甸园。

因气候温暖，牧场的草一年四季疯长，茂盛稠密得像厚厚的地毯。这里的气候与北半球迥然不同：冬天雨水多，夏天雨水少；冬季草翠绿，春夏草泛黄。大自然的奇妙，人类有时真是无法猜测。

独特润湿的气候，使这里空气湿度相当大，水雾便在这里聚集。先是一朵，然后是一片，一片一片连接起来就是云的海洋了，把天空都遮住了。

这里的云格外白。纯净的水、纯净的草、纯净的树、纯净的空气，造就了纯洁的云。万物相互影响，相互制约，这里的云是自然界相辅相成的佳作。我真想摘下一朵白云，带回祖国，让故乡的人欣赏白云之乡的云是多么洁白，那里的人们多么注重环保，爱惜大自然，对自然呵护有加。

南太平洋以她母亲般的温柔将新西兰岛怀抱。无论是牧场、公园，还是住宅区,全部绿化,无一裸露地面,深绿色的是树,浅绿色的是草。整个国家就像一个巨大的高尔夫球场,一片绿色的海洋。

从南到北,一路上走不完的大草原,看不完的花,赏不完的白云,看不尽的青山。李白《秋浦歌》中有“云白山青万余里”的句子,异国新西兰的云,只有那诗中的景致,而无其中的愁思。因此,无论你从哪个角度看,都是一幅秀美而韵味十足的山水画。

这里土地辽阔,人烟稀少。从北到南驱车一上午,除了牛、羊,几乎没看到一个人。有副对联概括得很妙:

此地山高皇帝远,

只见牲畜不见人。

望着满目的青山、绿草,头顶洁白的云朵,我也有感而发:

白云绕山岭,

绿草牧牛羊。

横批:内蒙古不用去了

这里的人环保意识很强。只要对土地、水造成污染的商品,一概不在本国生产,拿到国外加工。因此,这里的空气、水之纯净可想而知。这里生产的牛奶至纯,无任何添加。

难怪这里的云格外多、格外白。从高空鸟瞰,新西兰上空的云,像雪一样白,像浪花一样美,形成了云海、云浪、云烟。好多云懒懒地躺在山坳里,久久不愿离去,眷恋这片纯净的土地,绿色和谐的家园。

万物有灵,万物多情,爱美向善是万物共同的理想。

新西兰的云至纯至净,至善至美。我给冠之以“云的故乡”还真恰当不过。“云想衣裳花想容”,人何尝不是如此?新西兰的云是大自然的本性使然,也是人的向往和希望所致。

冰与火

在悉尼海边，沿着海岸线坐落着很多餐厅。

晚，乘车去海边观豪华游艇。一路上咖啡馆、餐馆林立。许多餐厅不是灯火通明，而是烛光点点，每个餐桌上都燃着蜡烛。人们在烛光中吃饭、喝酒、品咖啡。那可爱的火苗跳跃着，映照着一张张微笑红润、轮廓鲜明的脸庞，宁静而优雅，浪漫而多情。阵阵温馨荡漾，海浪为之起舞欢歌。

没有中国餐馆的熙熙攘攘、吵吵闹闹、烟雾缭绕，只有文文雅雅的相视而笑、低声细语，伴着海浪的浅吟低唱。一个民族的文明、修养，通过日常生活的点点滴滴反映出来。

那情那景，就像一首迷人优美的小夜曲，舒缓地、柔柔地诉说着爱的甜蜜、温柔。我心中情不自禁涌起舒伯特的小夜曲：

我的歌声穿过黑夜
轻轻向你飘去
一切都是寂静无声
亲爱的快来这里……

烛光晚餐，浪漫而富有情调。想起那年夏天，在海边，路过一家五星级大酒店。烛光晚餐的大幅标语，吸引我走进29楼旋转餐厅。餐桌上不见烛光，灯火通明让我大失所望。若是烛光幽幽，再望海面上渔火点点，品味美味佳肴，那将是怎样的浪漫情怀。

这里的移民大多是英国人的后裔。良好的教养、现代文明的陶冶使他们文明而高雅。

这里天是蓝的，山是青的，地是绿的，水是清的，空气是透明的，一切都是新鲜的。

从海边回来，车过红灯区，步行绿灯区——同性恋一条街。但见灯红酒绿处，酒吧爆满、狂欢乱舞。怪异的打扮、涂彩的脸、扭捏的姿态随处可见。

哦，美丽富饶的澳洲，太多的福利吞食了你的追求，缺少文化积淀，增加了你的虚空，你的美丽中埋藏着忧患。

这个夜晚让我心潮难平。这是属于情侣与诗人的夜晚，纯净与温柔的夜晚，渴望与钟爱的夜晚，也是疯狂、浮躁的夜晚。愿这纯净美丽的地方，只属于仁爱、喜乐、和平、圣洁之地。

澳大利亚悉尼豪华游艇上

海上摇篮

一

在黄金海岸市，不仅可以欣赏绵延千里的金色沙滩，还可以走进别墅、走上私家豪华游艇，一饱眼福。但不是免费参观，那晚我们每人花了 80 澳元。

这里的私家游艇，像别墅一样多。

一艘艘白色豪华游艇云集在海边，一个比一个漂亮。我们参观的游艇，价值 450 万澳元，相当人民币 4000 多万元。

走进游艇，就像走进了一座小宫殿，富丽堂皇。游艇的内部装修真是豪华气派，到处闪动着金子般耀眼的光芒。全部材料取之于高档桉树，橘红的颜色，光泽鲜艳。浪漫的小酒吧、暖色调的卧室、精致的梳妆台、高档厨房，应有尽有。一切都是那么温馨、高雅。这艘三层豪华游艇像一栋小别墅，沐浴在南太平洋灿烂的阳光下。

我想象着它的主人一家出海度假时的情景：钓着鱼、听着音乐、喝着洋酒。玩累了，回到温暖的卧室休息。伴着清风明月，伴着海浪。大海就是最好的摇床，仿佛儿时的摇篮，摇着星辰，摇着日月，摇着岁月无字的歌……

在南太平洋蓝蓝的大海上，一片片白帆云集，就像一个个白色的摇篮，躺卧在母亲宽广的胸膛上，悠闲自得，无比惬意，无忧无虑享受大海母亲的爱与温存。

大海就像母亲一样，有着宽广的胸怀、宽广的爱；大海也像恋人一样，令人眷恋、着迷，有时，发起脾气，也让人害怕。大海也像故乡一样，有一种神奇的力量，让人怀想、思念。只要回到它身旁,再烦躁的心也归于宁静。大海就像故乡的手,抚平游子的惆怅与忧伤,安慰受伤的灵魂。正像《大海啊故乡》那首歌中唱到的:

大海啊大海,是我生长的地方,

海风吹,海浪涌,随我漂流四方……

二

从私人游艇下来,又换上大船,观悉尼海上夜景。夜色阑珊,风平浪静。游船缓缓离开码头,原本清晰的海岸慢慢变成了点点闪动的灯光。整个黄金海岸褪去了金色的纱衣,淹没在一片姹紫嫣红中。来自北京的导游小张指着灯光璀璨的房子说:大家看,那边的豪华住宅区就有成龙和章子怡的豪华别墅。我们随着他的指向,一会儿涌向船的这一边,一会儿又涌向另一边。我在心里暗暗思忖:什么时候哪位科学家、经济学家、文学家在富人区有豪华别墅就好了。

那些科学家,尤其是研究原子弹等高端产品的科技人员,不仅把毕生精力献给了边疆、沙漠,身体也受到了损害,然而,他们的收入根本无法与歌星、影星相比。有点儿名气的歌星、影星,只要在电视上露面做几秒钟广告,便可收入上百万。这种分配不公的局面什么时候能改变呢?

还有许多作家,人类灵魂的工程师、心灵的导师、精神的指引者,他们用心灵之火点燃跳动的原野、丰收的河流,唤醒民族意识,在平凡中仰视崇高,传承、丰富人类文明,使一个民族的文化血脉源远流长。然而,他们的稿费极低,与付出的艰辛心血不成比例。甚至有些作家出书不但没有稿费,还要自己出钱。大部分作家是清贫的。有位诗人,在东北名气较大,晚年穷困潦倒,靠卖书法作品换取一点儿生活费,让人听了好不心酸。

什么时候富翁中,作家、科学家占的比重大一些,海边的别墅中有一些属于他们的豪宅、一席之地,将标志着我们这个民族对文化的重视与推崇达到一定高度。

温柔红杉树

大片《指环王》吸引了无数人来到久违的影剧院，对电影挑剔的我也抽出宝贵的时间去观看。

《指环王》没有让我失望，且不说其思想性和艺术性，单说其中的风景就让我向往不已。当骑士们骑着高大骏马，穿过一片大峡谷中的红树林时，那壮丽的美景让我向往。人间怎会有如此美景？仙山碧水，玉树临风，一定是天堂，梦幻般的仙境，这样的美景，只有天堂才会有。

后来听人说，《指环王》中那些迷人的外景，是在新西兰拍摄的，那仙境般的壮景就在新西兰，不是神话，不是梦。新西兰有如此之美吗？心中便生出对它的向往和期盼。

2009 年 4 月，作家代表团前往澳洲采风，梦想很快成为现实。只要有梦，就会有希望。梦是导引起航的明亮晨星，把我们带到荣美的故乡。

梦真的把我带到了《指环王》拍外景的地方，而《指环王》的导演彼得·杰克逊的故乡就在这里。他的故乡是个小镇，小镇不大，却如诗如画。一片片的参天大树成行，一栋栋的红瓦小巧别墅掩映在绿荫中。

著名的红杉林，在小镇的郊外。驱车一小时后抵达，已是黄昏。

远远望去，位于平原上的红杉林如绵延起伏的翠绿山峰。当你走进树林，仿佛走进原始森林，从这边望不到那边。

一棵棵红杉树，笔直笔直，巍然高耸，遮天蔽日，气势非凡，直插云霄。抬头仰望，看不到树梢，仿佛童话中那可以爬上天堂的豆藤，又仿佛置身鳞次栉比的摩天大厦群。最高的红杉树高达112米，是世界上最高的植物。在它们面前，人变得分外渺小。北美大陆那片辽阔沃土，孕育了如此高大挺拔之树。一点儿弯不打，一个节没有，溜光水滑，高高地伸向天宇，接受太阳的沐浴、云彩的洗礼、雨露的滋润。

红杉树，你是如此伟岸，真想靠在你身上，感受你博大的气息。当我依偎在你身上，双手搂住你时，我才发现，你的树皮软软的，拍一下，就像拍在棉花上，仿佛我拥抱的是一个温柔的女子。这真是出人意料。在我的印象中，所有树的树干都是坚硬的、粗劣的，狂风暴雨不能将它摧毁。于是它成了坚强的化身，力量的化身，男子汉的化身。而红杉树却是格外特别，它外柔内刚、柔中带刚、刚柔相济。它以柔软的外表抗击强硬的侵袭，就像柔韧的水能冲毁坚固的堤坝，诠释了以柔克刚、柔能克刚的真谛。

有一棵红杉树，不知何故倒下了，横在地上，可它又发出了新的枝丫，生命之顽强，可歌可泣。虽然站不起来了，只要还有一口气，就要繁衍后代，生生不息，向上生长，这是一种怎样的精神？

红杉林中有一块大白布扯在树中间，导游说这就是《指环王》拍摄时搭建的摄影棚。电影拍完了，摄影棚没有拆，保留了下来。

早在20世纪80年代，我就从女高音歌唱家朱逢博演唱的《红杉树》中，知道有一种树叫红杉树。多少年过去了，红杉树却深印脑海。

在中国的杭州，美丽的西湖边，也有一棵红杉树，是从美国引进的。红杉树不是普通的树，它是中美友谊的象征。当来自美国的红杉树在中国的土地上根深叶茂时，我相信，它的挺拔茁壮是两国人民的期盼，它的温柔是两国爱好和平人们的心愿。

天鹅伴侣

澳大利亚最大的州叫维多利亚州，中国香港最美的海湾叫维多利亚湾，南非赞比亚最大的瀑布叫维多利亚瀑布。在英国，以维多利亚命名的车站、河岸、美术馆、大街也有好多。

维多利亚，多么美丽动听的名字，为什么世界上有许多地方都叫这个名字？

原来只知道她是英国一个女王的名字。来到澳洲后，我对这个名字的认识从模糊到清晰。回国后，又阅读了《维多利亚传》，对她有了比较全面的了解。

这是一个非同寻常的女人的名字，它与美丽、尊严、开明等许多美好词句联系在一起。

作为英国历史上统治时间最长的君主，维多利亚 18 岁登基，在位长达 64 年。

她金发碧眼，有着大大的眼睛、小巧的嘴、弯弯的鼻子、精巧的下巴，是一位美丽而娇小的女人，是按照“完美公主”打造出来的接班人：个性鲜明、神情坚定，眼光独到，决策明智。这个女人，成就了前无古人的维多利亚时代。

她思维敏捷，多才多艺，爱好广泛，喜欢绘画、音乐、骑马、打猎。她设立维多利亚基金，救助穷苦人，很快赢得了公众的心。1849 年，她和丈夫乘船到达爱尔兰时，岸上欢迎的群众人山人海，旌旗飘扬，欢呼如潮，尽情表达他们对女王的爱戴。

她不仅是一个成功女王，而且拥有幸福的婚姻，与她的天鹅伴侣畅游在宁静、温馨的港湾。

她是将事业与家庭完美结合的典范。她在治理国家的同时，同样钟爱她的小家，倾心打造爱情的殿堂。

她与比利时国王的外甥、表弟阿尔伯特的结合，成为举世瞩目的一对。在宫廷上，她是至高无上的国王，在高大英俊的丈夫面前，她是小女人，小鸟依人，尽情享受爱情的甜蜜。

她忠贞爱情，忠于丈夫，对子女要求严格，堪称一代女性的楷模。翻阅历史，恐怕很难找到像她这样的女人，既如此出色地完成了一个女王的职责，又完美地保存了一个女人的幸福。她生了9个孩子，有5个成为国王，与欧洲各国王室的裙带关系密如蛛网，欧洲人称她为“欧洲的老祖母”。

每一个成功的女人背后一定有一个好丈夫。

她是一个真正快乐幸福的女人。不仅拥有忠诚而有谋略的大臣，更得益于一个有德有才、远见卓识、才貌双全、智勇过人、聪颖机智、吃苦耐劳的好丈夫——阿尔伯特。

阿尔伯特受过良好正规的教育，受到那个时代热诚的感召。11岁时就一语惊人：“我要成为一个善良有用的人。”他的父亲听了这话大为惊讶。他多才多艺，爱好文学、哲学，骑马、射击、击剑，样样出色。虽然出生于贵族家庭，却没有公子哥的娇生惯养，更无书生秀才的“四体不勤、五谷不分”。他和蔼、朴实、庄重、精明，举止优雅，学识渊博，被称为“走动的百科全书”。

他是德国人，但从结婚到去世，却把所有的精力都投注于英国，全心全意扶助妻子的事业。他的谨慎、才智，成为女王及英国的无价之宝。

遥想女王当年，18岁的花季，仪态万方登上王室的宝座。她本来不想尽快结婚，然而当她看到阿尔伯特时，她自我设计的情感框架一下子就坍塌了，很快坠入情网。他高大英俊，仪表堂堂，蓝宝石般的眼睛闪烁着光芒，实在是太帅了。她不仅为阿尔伯特的美貌和风度而倾倒，一见倾心，更为他的人格魅力、内在的美所折服。

维多利亚和阿尔伯特沐浴在爱河里，经常于百忙中抽出时间到郊外度假、远游。登上雄伟的高山，越过宽阔的河流，穿过古朴的乡村，他们一起跳舞、唱歌、赛马，沉醉在欢乐中，朝夕相伴，是忠贞不渝的天鹅伴侣。他们被公认为模范夫妻：彼此忠诚，伉俪情深。婚姻生活和谐幸福，也给英国带来了全面复兴，维多利亚时代进入全盛期。

由阿尔伯特策划的“首届世界万国博览会”成功举行，英国向世界展现了自己的工业文明，民族自信心得到了极大的提升。维多利亚陶醉于这种“万国来朝”的恢宏场面之中，感慨万千。她在日记中写道：“今天是我历史上最伟大的日子，今年永远是我一生最自豪、最幸福的一年。感谢上帝赐予我一位如此高尚、杰出的爱人。博览会的闭幕日，正是我与王子订婚十二年纪念日，这真是一个奇妙的巧合。”

“月有阴晴圆缺，人有悲欢离合。”不幸的是，阿尔伯特偶感伤寒，英年早逝，伟岸的大树轰然倒下，给女王以沉重的打击。一直以来，他像一棵高大的橡树，用他的铜枝、铁干，为她抵御寒潮、风雨和雷电，与她一同分担雾霭、虹霓、叹息。

在此后的十几年中，女王的服饰始终以黑色为主。她把作为女人的快乐、幸福的时光似乎全部定格在丈夫去世的那个时刻。天鹅伴侣失去了另一半，她悲伤的心情可想而知。在每年的阿尔伯特祭日，她都会在日记中写道：“你的去世是一个巨大的悲剧，我的人生从此支离破碎。”

一个王权与善德相结合的家庭，在她的周围聚成一股汹涌澎湃的潮流，向着一个完美的境界奔涌。她的一生书写了欢乐与悲怆、权力与爱情的非凡篇章。

可能大多数人和我一样，每当游览或流连以维多利亚命名的地方时，总会想起那个世界上独一无二的女王，想到女王的丈夫阿尔伯特。至高无上的权力带给女王的是万众朝圣般的威望，而志同道合的天鹅伴侣赋予的，则是温馨的、平民家庭般的幸福，使女王的人生完整而美满。

如今，许多人追求所谓的幸福自由，解体的家庭越来越多，给孩子带来心灵的伤害，社会问题随之增多。一个家庭若没有共同的信仰、爱，就不能稳固。幸福、和谐，人类进步从每个家庭开始。愿每个家庭都成为爱的港湾、美好的见证，愿每对夫妻都成为天鹅伴侣！

袋鼠与考拉

袋鼠与考拉是南半球的代表性动物。

一往无前的袋鼠

从堪培拉返回悉尼的途中,已近黄昏。汽车越过辽阔的草原,又到了美丽的山冈。导游提醒我们,这一带常有袋鼠出没。隔着玻璃窗,我紧盯着山坡,仿佛严阵以待的士兵。果然,袋鼠游击队从山上下来了。先是几只,然后是一群,机灵的小脑袋左顾右盼,蹦蹦跳跳,可爱极了。它们长相很像老鼠,巨大型老鼠。身上的颜色与草丛的颜色相似,不仔细看,还真看不清楚。

袋鼠不会行走,只会跳跃,或在前脚和后腿的帮助下奔跳前行。袋鼠以跳代跑,最高可跳到 4 米,最远可跳至 13 米,是跳得最高最远的哺乳动物。长长的脚,细高的后腿,强健而有力。

袋鼠习惯于夜间活动,通常在太阳下山后几个小时才出来觅食,而在太阳出来后不久就回巢了。

袋鼠标志牌经常出现在澳大利亚公路上,提醒人们附近常有袋鼠出没,特别是夜间行车要注意。袋鼠的视力很差,加上对灯光好奇,它常会跳到车前看个究竟,结果自投罗网,壮烈献身。

作为澳大利亚的象征之一,袋鼠一直是当地人的骄傲。袋鼠图被作为澳大利亚的标志,如绿色三角形袋鼠,代表澳大利亚制造。可见人们对袋鼠的钟爱。

大袋鼠只有澳洲才有,在澳大利亚的国徽上,就有大袋鼠的形象。我们动物园里的大赤袋鼠、大灰袋鼠，都是来自澳大利亚的贵客。

以袋鼠作为国徽标志，寄托着政府对国人的厚望，希望国人像袋鼠一样，一往无前，永不退缩。

酣睡的考拉

在澳洲的公园里，考拉吸引了无数游客。

考拉也叫树袋熊。它性情温顺，体态憨厚，长相酷似小熊，有一身又厚又软的浓密灰褐色短毛，胸部、腹部呈灰白色，生有一对大耳朵，鼻子裸露且扁平。它没有尾巴，因为它的尾巴经过漫长的岁月已经退化成一个厚厚的“坐垫”，因而让它能长时间舒适地坐在树上。

考拉的温顺和可爱，使它成为大家照相的“道具”。当你把它抱起来时，它就像一个孩子，两只小手趴在你的肩膀上，依偎在你的怀中，那样子可爱极了。

考拉一生的大部分时间生活在桉树上，桉树是它们的摇篮，树叶是它们的主食。为了节省能量消耗，适应低营养的食物，它们平均每天会睡上 18 ~ 22 个小时。在澳洲的土著语言中，“考拉”意即“不喝水”。无论是白天还是夜晚，只要是在桉树上，考拉会自然地呈现出各种不同的坐姿和睡姿，同时也会因为躲避太阳或享受微风而不停地在树上移动位置。天气炎热时，考拉会摊开四肢并微微摇摆，以保持凉爽；而天气变冷时，则会将身体缩成一团以保持体温。

一个个树杈上，坐满了考拉，它们大多靠在树上，低头大睡。睡觉时的考拉，样子憨态可掬、旁若无人，一副“躲进小楼成一统，不管春夏与秋冬”的架势。当游人从它们身边走过时，它们继续酣睡，几乎没有醒来的。

考拉对澳洲大自然的适应延续了自身的生存，而澳洲人的环境意识和对它们的呵护，又使它们的继续生存有了人为的保证。在世界物种濒临灭绝的今天，我真为这种稀有的动物生长在澳大利亚而感到庆幸。

在澳洲，看到这些自然的灵物毫无惊扰地生活着，我对自由祥和的感受更深起来。

原野牧歌

到了新西兰，便开始了纯净的牧场之旅，也开始了我的牧歌吟唱。

整个新西兰就是一望无际的大牧场，一幅巨大的山水画。在汽车行进中，画卷慢慢展开，让你品味欣赏，陶醉其中。

从北部帆船之都奥克兰去南部牧场游览。一路上，牧场无边无际，像绿色的海洋。牛、马、羊群悠闲自得漫步在枫树下、草坪上，白色的羊群像游动的小白帆，星星点点漂在绿色的海洋上。五颜六色的牛群、马群，像五彩缤纷的珊瑚礁，把绿色的海洋点缀得色彩斑斓。

在绿色的海洋经过三个多小时的旅行，只见牲畜不见人。厚厚的白云像被子，绿绿的草场像褥子，牛羊像幸福的小孩子，生活在天当被、地当床、自然温暖的环境中。这里没有羊圈牛棚，牛羊睡在露天中，以增强适应气候变化的能力。温润的气候，和谐的氛围，使主人无须把它们锁在圈里，防范偷盗。

在著名的爱格顿牧场，与动物零距离接触，好不惬意。

爱格顿牧场是私人牧场、商业牧场，也是观光牧场。英国女王来此游览后，赐名为皇家牧场。

爱格顿牧场土地辽阔，要坐观光车才能到达中心地带。在这里不仅能看到牛羊，还能看到漂亮的梅花鹿、可爱的小花猪、悠闲漫步的鹅。

羊的品种很多，除了普通的羊，还有羊驼、美丽诺绵羊。

羊驼高大得像小骆驼，羊驼中有黑白两种，白羊驼比黑羊驼温柔。与它们零距离接触，真是好开心的事。当我把食物递到它们嘴边时，白羊驼温柔地舔着我的手心，痒痒的，舒服而惬意。黑羊驼则性格急躁，用力舔你的手心，痒得我受不了，丢下食物就跑。

畜牧业是新西兰的第一大支柱产业。这里的牛奶最纯，没有任何添加剂，因为这里的环保是一流的，产品是真正的绿色。

在新西兰从南走到北未见一家工厂。我们经常讲绿色和谐，真正的绿色和谐在这里。牧场、住宅、公园是绿色的，蔬菜、水果、食品是绿色的，清风、明月、海洋、河流是无污染的。但愿这里的绿地永恒，不被残酷而漫山遍野的黄沙走石弥漫。

徜徉在新西兰一望无际的原野上，我情不自禁唱起多年前陈美玲演唱的甜歌《原野牧歌》：

辽阔草原，美丽山冈，群群的牛羊，
白云悠悠，彩虹灿烂，挂在蓝天上，
……

多少年过去了，那甜美的歌声，一直回荡在我心间，让我对大草原甚是向往。

来到新西兰，实现了我久违的梦想。无论走到哪里，到处奏响着原野牧歌、绿色和谐之歌。当我离开新西兰时，那悠扬、舒缓的牧歌仍在我心中久久飘荡……

新西兰的爱格顿牧场

柔顺的羔羊

布里斯班，位于澳大利亚南部，亚热带气候，由于这里的阳光格外灿烂，它有了“阳光之城”的美誉。

阳光照耀下的布里斯班，位于布里斯班河下游两岸。这里不仅有澳洲风情的袋鼠、考拉公园，还有独具特色的剪羊毛表演。

剪羊毛不是用剪子剪，而是用电动刀剔羊毛，就像电动推子剔头发一样。

表演开始了。几只大羊从不同的方向奔跑上台，身上的羊毛有一尺多长，毛茸茸的。但见剪羊毛工轻轻一按，羊就乖乖趴在他的脚下。电动推子从头到脚，一排一排剪剔，羊毛哗哗落在地上，光秃秃露出皮的羊，看上去很可怜。我不由自主心疼起来。羊毛是羊的衣服，把衣服剪掉了，它们一定会又冷又不高兴的，总会反抗几下吧。可谁知，它们丝毫没有反抗，直到羊毛被剔得净光。哦，可怜的羊，任人宰割的羊，“吃草的人生，遇上吃肉的世道”。

这就是顺服的羔羊、温柔的羔羊，让人怜悯，也使人敬佩。看似软弱、可怜的羊，其实有许多美好的品德：洁白的羊像天使一样，是纯洁与温柔的化身，是善良、宁静、谦顺、和平的象征。安安静静的羊，与狰狞、凶狠、暴虐的狼，形成鲜明的对比。

因羊的温顺，成为替罪的祭物，担当人的罪恶，献在祭坛上。从这一点上说，它是可怜的，也是对人有特殊贡献的。如果它不顺服，也不会如此悲哀。

因为羊的温顺，它们常常被人欺负，被人轻看。从古至今，羊的命运，不在狼的口里，就在人的手里。就像二战中，在欧洲的犹太人，他们文明高雅，如温柔的羔羊,600 万条生命死于希特勒的屠刀下。

为了所谓帝国利益,多少生命葬送在炮灰下,成为替罪羊,又有多少人记住他们的名字,纪念他们的牺牲?在弯曲悖逆的时代,温柔顺服的美德,反成为牺牲品,狼的精神被大肆提倡,正如黑白被混淆,谬误真理被颠倒一样。

宇宙虽大,却只有一个地球,我们都是兄弟姐妹,理应彼此相爱,不应互相残杀。什么时候才能有真正的和平,团结在爱的旗帜下?

王子桥下亚拉河

作为维多利亚州的首府，澳洲一个比较古老的城市，墨尔本自有其迷人的魅力，各种造型的建筑有古典式的、现代式的，独具典雅华丽气质，古老气息兼具现代时尚，是一座充满浓郁澳陆风情的都市，名副其实的“花园之洲”。这里早在1956年就承办过南半球第一个奥林匹克运动会，曾三次被评为“世界上最适合人类居住的城市”。

亚拉河坐落在墨尔本市中心的王子桥下，像一条金色的丝带，系在墨尔本秀美的腰肢上，王子桥就是那美丽的丝扣，把墨尔本点缀得分外妖娆，给这个浪漫的都市带来无限的风光。我们到亚拉河畔时，已是夕阳在天边燃烧，玫瑰色的夕阳为墨尔本的脸涂上了厚厚的彩妆，那一刻，墨尔本羞红了脸，像一个娇羞的新娘，美丽的倩影在亚拉河的波光里荡漾。

亚拉河又叫爱情河。这里有一段浪漫的爱情故事。王子与灰姑娘一见钟情，经常到亚拉河畔约会，在桥上漫步。他们的爱情却遭到王子父母的坚决反对。要王位就不能选择灰姑娘。为了爱情，王子毅然放弃王位的继承权，与灰姑娘结合。王子钟情爱情，不爱江山爱美人，王子桥由此而得名。王子桥与亚拉河是普通的桥、普通的河，因为有了纯洁的爱情、美丽的传说，而被赋予美好的意义。

王子桥、爱情河，多么浪漫的名字。桥为河而诞生，河因桥而美丽。河与桥，相互倾诉、相互衬托，述说不变的爱情。

在澳洲以人名命名的地名、桥梁、河流很多，人情味十足，你能充分感受到以人为本、推崇爱情的人文精神。

亚拉河两岸，各具特色的建筑鳞次栉比，造型各异，繁华却不喧闹。清澈的河水缓缓地流过城市，与守望的建筑遥相呼应，流淌着一种柔媚的韵律。亚拉河穿过墨尔本最迷人的河滨风景区及一个个连绵不断的大小园林，一直流向蓝天碧海、帆影点点的墨尔本港。

漫步在亚拉河畔，静静感受墨尔本的现代与古典。由两旁的摩登建筑联邦广场到古典的维多利亚式电车站，从郁郁葱葱的绿荫，到经典的船只博物馆，都会令你感受到这里渐变式的温馨与浪漫。古老的桥梁连接着南北两岸，沿途不时出现一片一片的田园风光，让人心旷神怡。

王子桥往南连接着圣基尔达路和亚历山大大道——墨尔本最负盛名的林荫大道：道路宽广，两旁林荫如盖，繁花似锦。信步徜徉其间，抬头是树梢间湛蓝的天空，温暖明净的阳光穿过层层枝叶洒落在肩上，清新的空气中散发着一阵阵青草的芳香，此情此景，让你无法不想即刻投身其间，闲适的林间漫步一场。

墨尔本这位东西方结合的美人，因为有了王子桥和亚拉河而更加迷人、风姿绰约、仪态万方。

澳大利亚墨尔本的亚拉河

伊甸山

伊甸山是属于伊甸园的。

伊甸山坐落在奥克兰市中心。

奥克兰是新西兰最大的城市和港口，素有“帆船之都”的美称。

从热浪滚滚的黄金海岸飞到新西兰北部城市，刚下飞机，寒风扑面而来，乍暖还寒实难将息。随身携带的小棉袄终于派上了用处。

因时间紧，顾不上休息，面包车直接把我们送到秀丽妩媚的伊甸山。站在山上，俯瞰帆船之都，奥克兰全城尽收眼底。环抱城市的海湾处，但见白帆云集，海水湛蓝，一艘艘白帆都是私家游艇，真不愧是“帆船之都”。

伊甸山曾是毛利人的要塞，山顶上有要塞遗迹。

伊甸山是一座火山，山顶的火山口是一个大圆坑，像一个巨大的圆碗，“碗”里不见石头和火山灰，被翠绿的草坪覆盖，成为一个绿色的大碗。不留一块裸露地面，不让一点儿植被流失，即使在山顶无人居住之地。新西兰人的环保意识处处体现出来。

山顶瞭望台上，有一个铜色大圆盘，一米多高，安放在一个水泥柱上，略带倾斜，像船上的舵轮，但比舵轮要大得多。站在大圆盘前，仿佛驾驶着一艘巨大的“挪亚方舟”，在伊甸园——奥克兰绿色的海洋上航行遨游。

圆盘上可找到世界各国国家首都的名字和方位。新西兰版图虽小，但新西兰人的心中装着广阔的世界。

新西兰人把这里起名叫伊甸山，寄托了它们对伊甸园的向往和终极关怀。伊甸山、伊甸园、挪亚方舟，人类的希望与归宿。

伊甸园是一个完美祥和的居住地，是理想的乐园。

在这个美丽的园子里，各种树木赏心悦目，果树的枝头上硕果累累，连绵逶迤的山脉，淙淙流淌的河水，百花盛开，百鸟鸣唱，蝴蝶翩翩……这一切无不提醒人们，遵循大自然的规律与人的生活幸福息息相关。

在伊甸园中，伊甸山是充满荣耀的圣山。在那里阳光普照，每片云披上银衣。在那里没有眼泪，只有快乐自由的生活。每一步越走越宽广，像攀登黄金阶梯。

“会桃李之芳园，序天伦之乐事。”李白的《春夜宴桃李园序》一文，描绘出在鲜花盛开的美丽花园中，与亲人相聚，畅叙兄弟情谊，共享团聚的乐趣，是伊甸园的再现。

人因为罪过的缘故为邪恶打开门户，使伊甸园成为一个梦幻破碎的地方，一个美丽遭遇丑恶的地方，一个坦诚让位于羞愧的地方，一个正义与邪恶较量的地方，一个失去幸福乐园，也失去平安的地方。

人类从伊甸园而来，因犯罪被赶出伊甸园，流浪在世界，过着无家可归的客旅生活，最后还要回归伊甸园。

在物质极大丰富的今天，生活的苦难不再是困扰人们的主要原因，精神的困扰，心灵的不宁，恶势力的猖獗，超级病毒、生物核武器威胁着人们的生命，蚕食着人们的灵魂，使人焦虑、烦恼、痛苦。只有回归伊甸园，才有真正的平安和最高的幸福指数。

新西兰伊甸山

邦迪海滩踏浪

你是悉尼海滩中的王子，素有“沙滩之王”的美称，与黄金海岸沙滩一样美丽迷人，大名鼎鼎。

春天的邦迪海滩已是暖意融融，柔和的海风没有一丝凉意。一位女郎竟然赤裸上身，躺着晒太阳。我们从她身旁走过，相视而笑。

你是冲浪的天堂。蓝蓝的海上，冲浪的小舢板随着波涛上下起伏，融入大海蓝色的交响。以前在电影中看到的画面，今天在眼前浮现，心也随着浪花起舞欢歌。冲浪，挑战汹涌的波涛；冲浪，挑战渴望超越的自我。那是力量、信心、拼搏的彰显，谱写人生壮丽激昂的篇章。

望着眼前一片湛蓝、一片洁白，欣喜荡漾在扑面而来的清爽气息中，旅途的疲劳一扫而光。同伴们兴奋地脱下鞋袜，在雪白的沙滩上徜徉。我心中沉寂已久的激情，被邦迪海滩纯净而美丽的波涛唤醒，童心大发，起舞欢歌，边跳边唱起那首《踏浪》：

小小的一片云呀/慢慢地走过来/请你们歇歇脚呀/暂时停下来……海上的浪花儿开呀/我才到海边来/原来嘛你也爱浪花/才到海边来……

童心依旧的我，只要一来到海边，立刻回到孩提时代，好像变了一个人，平时的成熟稳重矜持一扫而光。喜欢舞蹈、音乐的我，不管周边有多少人，我都能翩翩起舞。快乐是上帝赐予我的权利，能歌善舞是父母的遗传。我可不想压抑活泼的天性，尽情舞，尽情跳，心花怒放，欢乐淘淘。我是自然之子，我属自然，自然也属我。回到自然的怀抱，就像依偎在母亲身旁，心就踏实平安、欢喜快乐，离开自然就紧张不安、郁闷惆怅。

已近黄昏，玫瑰色的夕阳把雪白的沙滩染成玫瑰红，海水羞红了脸庞。伴着夕阳，踏着海浪，我跳起了芭蕾，像海鸥一样展翅飞翔。歌声、笑声定格在相机里，飘荡在邦迪海滩上，留在那片净土上。

此时此刻，这里的一切是属于我的，大海、沙滩、夕阳、海浪。既然上帝将这一切赐给我，我就要尽情享受，尽情赞美。不辜负这大好时光，身心完全融入大自然。分享你的美，享受你的爱。因我深知，美好的时光、快乐的心情短暂而易逝，苦闷、痛苦却常常不召自来，挥之不去，这就是无奈而又必须面对的现实，这就是充满希望又充满痛苦的人生。

因时间有限，还未尽兴，导游就招呼大家上车。跟着旅游团就是这样，时间限定，不能尽情领略享受喜欢的风光。人生不也是这样吗，很多事情都不能尽如人意，总有遗憾，残缺的美，美得残缺，才使生活有滋有味，才衬托出美的一面，正如月有阴晴圆缺，人有悲欢离合。

我们已经够幸运了，多少贫困山区的人，一辈子没坐过火车，没看过大海。多少孩子没钱读书，甚至生存都困难。知足者常乐。存一颗感恩的心，就会天高地阔，鸟语花香。

邦迪海滩上踏浪，给了我异样的感受，不仅仅是一种快乐，更是我的一次思想翱翔和情感放纵。从此以后，邦迪的海滩连同它的层层波浪，成为我美好的回忆、心中的乐园。

澳大利亚邦迪海滩

毛利人的伊甸园

毛利人是新西兰岛上最早的土著人,罗托鲁瓦湖是他们的故乡、发祥地。到了新西兰,参观毛利村遗址,是必不可少的项目。

这地方可真美,像一个伊甸园。山上是天然火山地热喷泉,以青山为背景,以自然为舞台。不用人工辛劳,上帝的创造天然又环保。山下是罗托鲁瓦湖,天鹅成群,枫叶火红,绿草白鸽,群山环绕。

毛利村遗址,再现了原始毛利人生活起居的草房、储水罐、水井等。

毛利人人高马大,扁鼻子,略呈棕色的皮肤,是他们的主要特征,与高鼻梁的白人形成鲜明对照。如今,他们的衣食住行已经现代化。

毛利人的表演是新西兰观光中一大亮点。表演前的接待仪式隆重而庄严。游客要等在大院门外,在悄无声息中等待似乎有些紧张,有些漫长。导游有言在先:毛利人的礼节很多,如果某个礼节你不接受,他们会翻脸的,误以为你对他们不友好、不尊重。

终于大门打开,女主持人身披长蓑衣款款而来。欢迎词一说又是好长时间。话音落毕,几个毛利大汉手拎木棍,袒胸露背,从礼堂里走出来,扔一片树叶在地上,游客代表赶紧捡起来,再递给他们,表示接受了他们的邀请。然后,他们吐舌头、舞棍棒、拍胸脯,舌头伸出老长,边唱边跳边后退。游客尾随其后,进入礼堂,表演才正式开始。边歌边舞,吐舌头、舞棍棒、拍胸脯是必不可少的内容,原始而古朴。同时邀请台下游客上台一起表演,台下台上互动,气氛热烈,一片欢歌笑语。

毛利人的村庄,坐落在喷泉下、湖水畔,美丽的罗托鲁瓦湖拥抱着它,天然火山喷泉沐浴着它,芳草萋萋环绕着它。一栋栋别墅五颜六色,掩映在万绿丛中。家家别墅,户户园林。没有一栋高楼大厦,不见一家冒烟的工厂,一切都是天然的、环保的。清新的空气令人感觉爽朗,公路两旁的人行道清洁明亮,干净得像用水洗过一样,尽可席地而坐,就像坐在自己家的地板上,不用担心沾上灰尘。

毛利人依湖而居,生活条件与环境比我们好多了,他们的村镇比我们的富人别墅区更漂亮、优雅、干净、富裕,似乎提早进入了理想社会。

这不就是伊甸园吗? 古老的伊甸园中,毛利人住的是茅草房,赶的是驴车马车;现代伊甸园中,毛利人住的是别墅,开的是轿车。虽然住房、交通工具变了,但环境没有改变,没有被污染、破坏,还像古时那么美。古典的美与现代化相结合,这不正是人类苦苦奋斗所憧憬的理想生活方式吗? 而许多大城市的人们,生活在钢筋水泥高楼里,狭窄的空间过道、拥挤的人流、堵塞的汽车、污染的空气令人窒息、烦躁。什么时候我们也能像毛利人那样,生活享受在伊甸园中? 那将是理想的家园、梦寐以求的生活。

新西兰毛利人的故乡

卖艺的教授

漫步在悉尼商业步行一条街，没什么特别印象，也无心购货。作为新崛起的大陆，这里古迹罕见，历史文化名人稀少，不像在欧洲，无论穿行在哪条大街，不经意间就会与某位大师、名人的故居擦肩而过。

兴致索然间，如泣如诉、幽怨缠绵的小提琴声吸引了我。撇下商场，直奔琴声传来的方向。但见一个五十多岁的中国男人，表演般地拉着小提琴，他的妻子在卖他录制的光碟。

拉琴者身穿燕尾服，精神抖擞，每首曲子都拉得认真投入，美妙动听，仿佛在舞台上演出一样，丝毫没有乞讨者的猥琐。他的琴艺水平很高，整个一条街都弥漫着优美的乐曲，温暖着每个人的心，令路人颔首。给我印象颇深的是他演奏的《花儿为什么这样红》，把《冰山上的来客》中的爱情表达得淋漓酣畅，情深意长，打动人心，但我也从中听出了游子思乡之情。

这使我想到在国内时看到的一幕：街头，一个卖艺青年，头戴遮阳帽，低低的帽檐把双眼全盖住了，无精打采地弹着吉他，一副自卑可怜相。同是卖艺，状态却大不一样。

随行的人与他们夫妻攀谈起来，方知男子是东北师范大学的音乐教授，不知什么原因，辞去了令人羡慕的教授职位，背井离乡，万里迢迢来到了澳洲——遥远的他乡。我猜想，他的外语一定不太好，没有找到正式工作，便在街头卖艺。

也许是出于怜悯与关怀，也许是异国他乡遇到同胞格外亲，同行的许多人买了他的音乐光碟，并与教授握手、合影，他乡遇故知一般的惊喜。教授也兴奋得笑逐颜开，好像见到了故乡的亲人。

因为有了爱的流露，流浪的街头变得温暖、祥和，阳光普照，弥漫着温馨浪漫的氛围。无论在哪里，有爱就有了一切。

因为时间关系，我们不能过久逗留，也来不及问他来澳洲的起因。但我想，音乐教授的收入一定不菲，受人尊敬，风光体面。能够放弃优越的工作待遇、地位，到一个陌生的环境求生，骨子里一定有种“不安分守己”的元素，那是对自由的向往，对伊甸园的渴望。

远离熟悉的环境，流浪异国他乡的人，大抵有两种情况，一是为赚钱，过上更好的生活；二是寻找一个具有诗意的居住地方，寻找伊甸园。许多人都是伊甸园的寻找者，他们在国内同样会生活得很好，却流浪远方。为了天空飞翔的小鸟，为了山间清流的小溪，为了梦中的橄榄树。

一个音乐教授，在国内有令人尊敬的、羡慕的职业和稳定的工作、优厚的待遇，却义无反顾舍弃这一切，背井离乡，踏上陌生的土地。如果没有对自由的追求与向往，没有对那片净土的憧憬与渴望，没有对伊甸园的寻找，谁愿放弃拥有的一切，流落街头无所依靠？也许，他们的心中一直回响着雪莱为了自由而舍弃生命和爱情的诗句吧。

从居住地选择上看，欧美国家的人员更趋同于回归自然。人们通常住在郊区，工作在城市。诗意歇居，不再是梦想。

在国内，悬殊的城乡差别使人们不肯放弃便利的生活条件和赚钱的手段，拥挤在城市里。片面追求大而全，企业航母化、学校合并、卫星城、开发区如雨后春笋般涌现，由此带来人口爆炸、城市爆炸，离自然和大地母亲越来越远，以至于像无头的苍蝇乱飞，浮躁烦恼，无安全感。

多少人在自相矛盾中煎熬着，自我设置了心灵的监牢，被捆绑不得自由。贪婪、私欲，也有无奈，使人类远离心灵的家园。在城市的喧嚣中，在灯红酒绿中纸醉金迷，不能自拔。人类自己为自己酿造了苦酒，为自己种下了不幸与悲剧的种子。

在许多人的骨子里，对自由的渴望与向往，对回归自然、享受自然的祈盼，深植于心。回归自然，就回到了母亲的怀抱，回到了伊甸园，那份踏实、平安、温暖别处无法找到，享受爱之伟大，体味真善美的滋味，天人合一，何等美，何等善！

伊甸园剪影

天然火山喷泉

美丽如画的罗托鲁瓦湖像一颗璀璨的明珠,镶嵌在群山之中。

穿过毛利人故居,山坡上,一股股喷泉从火山口的岩石缝里喷出,十几米高的水柱直冲蓝天,再飞流直下,形成壮观的瀑布群。层层雾气飘洒,仿佛霏霏的小雨洒在脸上。远远望去,轻烟四起,薄雾弥漫,隔一段时间喷一阵;喷一会儿,休息一会儿,以青山为背景,以大地为舞台,向造物主献上精彩的演出。不得不慨叹上帝的独具匠心、多姿多彩的杰作。

走近喷泉,热浪弥漫,伴有硫黄的味道。这不是人造喷泉,而是天然"间歇式喷泉"。感谢大自然送来的天然喷泉,不仅带来欣赏的美景,也带来强身祛寒的温泉,还有天然美容产品——火山泥。

一个个泥潭里,黑黑的泥浆冒着热泡,就像开锅的黑米粥。早就听说火山泥是美容佳品,原来产自这里。

距离喷泉不远,有许多大块岩石。热热的岩石像烧火的热炕头,坐在上面,躺在上面,舒服极了。天然的"热炕"驱寒去凉,对身体大有裨益。我们一行人或躺或卧,久久不愿离去,仿佛在小时候家里的火炕上。若不是时间有限,真想躺在上面睡一觉,享受太阳照耀、喷泉沐浴、地热火床的温暖,享受大地母亲的抚爱。

躺在热炕般的岩石上,望着沸腾不息的温泉,感受到地球强盛的生命力和巨大威力。你敬畏它,它提供给你无尽的宝藏。你折腾它,它的忍耐是有限的。当它忍无可忍时，那威力、那愤怒是相当可怕的：山崩海啸、山海挪移、天塌地陷……从古至今，人们早已领略到了。然而，明明知道老天不可欺，大地母亲不可辱，贪婪的人们仍然熟视无睹、明知故犯，这就是人类的可悲、可怜。

大自然赐给人类万物，人类理应好好珍惜，爱护有加，有什么理由破坏它？破坏它就是自掘坟墓。

渔人码头品海鲜

渔人码头饭店坐落在悉尼海边，像一个海产品大超市。一个个大玻璃柜里，各种各样的海鲜琳琅满目，应有尽有，让人目不暇接。

这里海产品都是超大型的：大螃蟹、大龙虾、大海兔、大海螺……比我们平时吃的海鲜大好几倍。看好哪个现买现做，绝对的鲜美。海滩上鲜味扑鼻，海风海浪仿佛也变成了人间美味。

不要以为这些特大号的海产品是加了催化剂、增肥药，它们是纯天然的。南太平洋的海纯净没有污染。这里人烟稀少，海洋面积大，环保是一流的。海洋生物可以自由自在生长，没有任何人为的干扰、毒害，也没有工业废水、废渣的排入，自然长得又肥又大，大可不必提心吊胆、望而生畏。

我点了小一点儿的龙虾、鱼、大虾，吃一口，果然味道鲜美。在这里吃什么都放心，食物无污染，也没有人工添加剂、防腐剂，不用担心对身体的危害。

而在国内有些地方，吃什么都不放心，想买到放心的食品难上加难。一些商人为了谋取利润，昧着良心做事，为了表面的光鲜、保鲜，什么工业原料都用，什么吃的都敢掺假，明目张胆，草菅人命。

在我居住的城市的一个大商场，有一个“绿色蔬菜”专柜，许多人和我一样，轻信了绿色招牌，花昂贵的价钱常年买那个专柜的菜。谁知有一天，我买了几个西红柿，吃了一个又红又鲜的大柿子，染红了双手，用肥皂都无法洗掉，这恐怕是用了工业色素，多么可怕，多么黑心。

民以食为天。从一个家庭的饭桌上能看出这个家庭的饥寒温饱，而从一个国家的饭桌上能看到这个国家的自然状况和环保意识。悉尼海边的渔人码头饭店，向游人展示的不单单是琳琅满目的特大海鲜，还有他们的环保理念，对环境的珍爱。

走出鱼市场，洁白的海鸥在我们身边飞翔、驻足。这里的海鸥不怕人，在人们身边环绕、流连。人与动物在自然、放松的状态下生存，真是怡然。

鲜美果蔬

去毛利人故乡的路上，在《指环王》的导演彼得·杰克逊故乡的小镇上，中途停车歇息。路旁一家蔬菜水果店，吸引我们涌了进去。进到店里，我的眼前突然一亮，“哇！好丰富啊！”我情不自禁喊出声。五颜六色的水果、蔬菜，鲜活、水灵、亮丽、可人，又大又美，色彩鲜艳无比，看得我眼花缭乱，让我心里有说不出的喜爱与感动，巴不得全部买下，带回家中。

女人天生对蔬菜水果有特殊的好感，缘于女人对家庭的钟爱；女人天生对蔬菜水果偏爱，因为女人爱美怕老，希望延缓衰老，青春永驻，蔬菜水果可以提供大量维生素、矿物质，满足女人的心理和生理需要。

这里的蔬菜水果，简直就是艺术品，又大又鲜，简直要把人的口水、馋虫勾出来。雪白的土豆，溜光水滑。金黄的猕猴桃，软嫩香甜；红宝石李子，娇艳可人；奶黄水晶梨、翡翠提子，宝石般晶莹剔透……在我心里，它们像一件件艺术品，不，比艺术品更生动、更鲜活，比珠宝更可爱。

眼前的蔬菜水果像鲜花一样美丽，但美丽岂能涵盖它们对生命的意义、价值。人类的生存离不开它们，它们组成了生命的材料，组成了生命的元素。有了它们，人们更加健康、美丽！

感谢大自然为人类的奉献，感谢这里的人们对自然的保护，留下了这样一片净土。它们生长在伊甸园里，只有伊甸园才能孕育出这样鲜美可人的蔬菜水果。

打工者的天堂

2000 年悉尼奥运会，与中国北京奥运会、雅典奥运会一样，给世人留下深刻的印象。去澳洲，参观悉尼奥运馆便成了一个必不可少的项目。从悉尼去堪培拉的路上，途经通往奥运馆的大隧道。在长长的隧道里，来自江苏的邵导游，讲了修隧道的一些轶事，比奥运馆给我留下的印象还要深刻。

悉尼隧道本是为举办悉尼奥运会而兴建的，然而临近奥运会开幕之际，仍未竣工。按正常的工作时间进度建造，是不能按期交付使用的，除非让打工者加班。然而澳大利亚法律规定，老板不得随意让员工加班，加班违反劳动法，工会实施监督，特殊情况须加班，要付双倍的报酬。澳洲人有三个“八”的说法，即八小时工作、八小时娱乐、八小时睡觉。于是按照八小时工作制的法律规定，按部就班进行，员工没有加班，隧道没有提前完成，奥运会照开不误。

澳洲不但自然环境好、福利高，而且注重以人为本的人性化管理，打工者的工作时间受到法律的严格保护。对于打工者来说，无须加班，加班给双倍工资，无疑是天堂般惬意。

澳大利亚的公园

第三辑

忘川忆溪

大河奔腾，气势非凡，却是浑浊的。小溪潺潺，细流涓涓，看似弱小，却是纯净清澈的。忘川忆溪就是摈弃污秽，追求圣洁；远离喧嚣，归回宁静；弃绝黑暗，走向光明；脱离红尘，回归本源，恢复起初的爱，回到伊甸园的怀抱……

现今时代为什么道德成为真空?

为什么犯罪的人越来越多?

为什么这个世界变得越来越浮躁、疯狂?

为什么……其根源到底是什么? 症结在哪里?

带着许多人的困惑,我用十几年的时间,研读了大量书籍,尤其是《圣经》,反复解读,终于茅塞顿开,找到了诸多问题的症结与答案。

下面请读者与我一起拨开层层迷雾,追根溯源,探索并寻觅人生与生命的真谛!

敬畏自然

我从哪里来，要到哪里去？家园在哪里？心灵的归宿在哪里？我经常这样问自己。我相信很多人也和我有同样的心情。

我们真正的家在伊甸园，回归伊甸园就是回家，就是回到自然的怀抱，那是心灵的故乡、精神的家园。

大自然是我们的衣食父母、恩人。如果没有阳光、空气、水、土地，我们一刻都不能生存。

自然是丰富璀璨的，也是简洁明快的。无论是清水出芙蓉的花草树木，还是天然去雕饰的壮丽河山，都是无须任何雕刻、粉饰的本原。

大海是简洁明快的，清一色的蓝，其寥廓让郁闷的心胸变得开阔；高山是简洁明快的，线条分明，轮廓清晰，却是坚定与力量的化身；小溪是简洁明快的，清澈透明，执着欢快地流淌奔腾；芳草是简洁明快的，纯洁单一的颜色，却蕴含着不卑不亢、生生不息的顽强精神，“野火烧不尽，春风吹又生”；天空、大地是简洁明快的，却蕴藏着母亲般的慈爱、父亲般的威严。

自然是伟大的导师，教导我们许多千古不变的真理。它引导我们走正确光明的道路：公义、良善、慈爱、包容、怜悯、节制、温柔、和平、忍耐。这条路铺满鲜花，绿草如茵，河水淙淙，小溪潺潺，也有荆棘坎坷，惊涛骇浪。

自然导师启示我们许多真理。每一门科学都是因对自然现象、规律的探讨而创立、丰富、发展，文学艺术也因对自然真善美的讴歌而妙笔生花。

人类的进步、发展来自对自然的敬畏、仰望与顺应，而不是藐视、悖逆，反自然、凌驾于自然都是妄自尊大，可笑至极。

自然愉悦人类的心灵。壮丽山河，丰富璀璨。洗耳恭听：大海雄浑高亢，如钢琴协奏曲，气势恢宏；泉水叮咚如扬琴清脆，拨动心弦；松涛怒吼如管弦乐，风声鹤唳；小鸟鸣唱如口琴，婉转明丽。海与山奏出歌韵，花与草吟唱赞美，雷、雨、电、云、雾同颂，声势无比。

自然是完美的和谐。宇宙是和谐的共存，和谐是宇宙万物多维空间、多声部奏出的最美交响乐，浑然天成，天籁绝美，无限深远，大气婉约，妙不可言。藏宇宙之慧根，纳天地之灵气。当你用心聆听宇宙之音，自然之乐，你的身心会完全被融化，进入一种物我两忘、天人合一的氛围中。

自然是和谐，和谐是一种秩序。万物有成理而不说，天地有大美而不言。宇宙万物都按照各自的轨道运行，互相关照，相互依存，和谐相处。地球离不开太阳、月亮。据科学家论证，地球与太阳的距离乃最佳距离，再近点儿，人就被烤化了，再远点儿，人就冻死了。如此准确的距离恰到好处，真是不可思议，能不让人敬畏？

越伟大的科学家越谦卑，因为它们越深入研究宇宙越感宇宙奇妙可畏，敬畏之心由此而生。爱迪生发明电灯后，人们赞美他的伟大，他却谦卑地说："不是我伟大，上帝已经创造了电，我只是发现而已。"

人是大宇宙中的小宇宙，当人与天地精神和谐一致时，心灵就会宁静而纯洁。当人类遵循自然规律时，风调雨顺，一派祥和。

每当我仰望星空，我总是为它的神秘深邃、神奇莫测而生发敬畏之心，感叹：宇宙啊，你的边际在哪里？你为何如此浩瀚无垠？

温家宝同志的诗《仰望星空》，表达了他对宇宙对自然的敬畏之情：

我仰望星空，它是那样寥廓而深邃；

那无穷的真理，让我苦苦地求索、追随。

我仰望星空，它是那样庄严而圣洁；

那凛然的正义，让我充满热爱、感到敬畏。

我仰望星空，它是那样自由而宁静；

那博大的胸怀，让我的心灵栖息、依偎……

宇宙如此大而可畏，如此和谐有秩序，我们有什么理由骄傲自大，狂妄悖逆呢？人类的进步、发展来自对自然的敬畏、仰望、顺应，而不是藐视、悖逆。反自然、凌驾于自然都是妄自尊大，可笑至极。

人类需要向自然学习的东西实在太多了，即使是全球经济一体化、科技高度发达的今天，人类对宇宙的认识也非常有限。就像爱因斯坦这样的奇才，在浩瀚的宇宙面前也是谦卑有加。他曾说："对于大自然最微末的部分，我也只能谦逊地跟随而已。"

然而，社会发展到今天，为了满足私欲，攫取高额利润，许多人迷失在旷野，不再仰望星空，敬畏自然、宇宙。骄傲、堕落，建造自高自大的"巴别塔"，陷在物欲的网里不能自拔。无休止地违背自然规律，开采、掠夺、破坏，使大自然遍体鳞伤，平衡、和谐被打破，生态平衡遭破坏。

人类应在自然中寻求和谐生存，而不是攫取式、破坏式地生存。回归吧，孩子，别在犯罪的道路上越走越远。唯有遵循自然规律，顺应天意，保护爱惜自然，万物和谐相处，才是出路，才能柳暗花明又一村。

宇宙万物如此和谐，启示我们要彼此相爱、和谐相处，人类有什么理由不遵循自然法则、不敬畏自然？唯有爱能改变一切，唯有爱能征服一切。愿爱的花朵开遍世界的每一个角落。

呼唤童心

有位单身女子刚搬了家,隔壁住着一户人家,一个寡妇和两个小孩。

有天晚上,那一带忽然停了电,那位女子只好点了蜡烛。不一会儿,她忽然听到有人敲门。原来是隔壁邻居的小孩,只见他紧张地问:"阿姨,请问你家有蜡烛吗?"

女子心想:他们家穷得连蜡烛都没有吗?千万别借他们,免得被他们依赖了!于是,对孩子吼了一声:"没有!"

正当她准备关门时,那孩子露出开心的笑容说:"我就知道你家一定没有!"说完,从怀里拿出两支蜡烛,说:"妈妈和我怕你一个人住,又没有蜡烛,所以我带两支来送你。"

此刻女子自责、感动得热泪盈眶,将那孩子紧紧抱在怀里。

小孩子的心很纯、很大、很美。

童心是一颗单纯之心,纯真之心,快乐之心。

纯真之心像泉水一样清纯,像雪花一样洁白,像冰一样透明,像花儿一样浪漫。人最难得的,是有一颗春之童心。

时代飞速发展的今天,激烈的竞争、工作的压力、人事关系的复杂,使很多人身心疲惫。现代人一路匆匆走来,一路丢失。丢失了纯真,丢失了快乐,甚至丢失了爱。所以,今天我们呼唤童心,呼唤心灵回归。

人们需要童心,童心最接近人的本质。老子说:"含德之厚,比于赤子。"意思是道德厚重的人，比得上初生的婴儿。明末大思想家李卓吾说：“夫童心者真心也。”可见，童心是多么宝贵。回归童心就是回到起初的爱，回归纯净的心灵。

儿童，是最好的老师，教给我们许多做人的道理：诚实真诚，无忧无虑，全心依靠，尽情享受，尽情欢乐。

童心是财富，创造令人目眩的奇迹。童心无拘无束，没有条条框框的束缚，尽情想象，异想天开。创造米老鼠的沃尔特·迪士尼说：“我要唤起的是这个世界正在泯灭的孩子气的天真。”天真是想象力和创造力的源头。没有三分天真往往难成大才，即使成为大才，也不一定可爱。

健康、阳光、快乐的人必定有一颗童心。拥有快乐，拥有爱，拥有智慧，拥有童心是真正的富人。只有童心未泯，才会青春永驻，爱情才会历久弥新。童心永远可爱。

唤起童心，已经是一种人文关怀，一种迫切需要。今日世界是一个物欲横流的时代。金钱、利益，都在破坏童心的土壤。童心，在高科技化的时代，越来越成为一种需求，一种奢望，一种时尚。童心给我们带来的是想象力、爱和欢笑。在日常生活中发现幽默，在每日工作中感受快乐，我们可以增加多少情趣、效率和欢笑。快乐是心的歌唱，是情的闪光，是享受每一天的太阳，是欣赏每一晚的月亮。快乐，是状态，是境界，是智慧，是胸怀。爱和快乐可以提高身体免疫力。愿所有的人所有的生命在关爱中活得尊严而快乐。

童心不是浅陋，是海洋中的静谧和深邃；童心也不等于平庸，是高原深秋的宽广无垠；童心不是不要丰足小康、明快多彩的生活，不是拒绝浪漫情怀、潇洒风度，它只是喧嚣中保持一份空灵，不去沾染堕落恶习；只是保持纯净清心，快乐如金，不去追求浮华虚伪。

童心如天上流云，高山上流水，让凝涩的人生流畅，把板结的心灵融化，使喧哗的世界灵动。童心会使精神拥有一种高尚感，灵魂拥有一种净化感，心灵拥有一种安详感，身心拥有一种健康感。童心的生活，造就了高尚的人格，快乐的工作，培育了高尚的情操。

现代社会呼唤童心，现代社会永远的时尚是童心！

放飞心灵

一天，打开电视，中央电视台的一档专访节目吸引了我。节目介绍了台湾教育学博士吕代豪如何从一个臭名昭著的黑社会老大，转变为教育学、神学博士的非凡经历。

吕代豪的前半生要世上的自由，天马行空，胡作非为。从打架斗殴，到加入黑社会，无恶不作，多次入狱，前后被判有期徒刑38年。台湾30所监狱，他进过14所。

他要所谓的自由，却使他走进监狱，成为一个不自由的人。在监狱里，他遇见两个美国人，向他们学习英语，试图出狱后成为国际杀手。然而，具有讽刺意味的是，他的英语教材是《圣经》。这部奇妙的书不但没有使他继续作恶，反而奇妙地改变了他的内在生命。

同时，他同学的妹妹陈竺玲，用500封信，真挚、感人地劝导、开启他。精诚所至，金石为开。他的罪恶心灵渐渐苏醒，泪流满面地说："我以为信仰是人类没有希望时幻想的花朵，是颠倒的世界观。现在才感到我的心灵是多么的饥渴，人生是如此短暂脆弱……"

当他重获自由，走出监狱时，在飞机上，他对着蓝天白云大哭。从此，他不但痛改前非、洗心革面，还用爱去改变他身边每一个愿意改变的人。在他的帮助下，150个流氓、罪犯改邪归正，重新做人。

1990年，吕代豪去美国深造，取得教育学、神学博士学位，成为一个布道家，足迹遍布世界各地，得到了真正的自由与尊严。

与吕代豪一样，许多人认为有信仰受约束不自由，没有信仰才有自由，想干什么就干什么，可以为所欲为，吃喝嫖赌，纸醉金迷，这就是自由、快乐。岂不知，这种及时行乐、自以为乐的人，内心并没有真正的快乐，更无平安。这不是自由、释放，而是堕落、捆绑。发泄放纵的结果是没着没落的空虚和失落，陷在罪恶的泥潭中。

可见，真理起初带来的是约束熬炼，结果是自由荣美；罪恶起初带来的好像是自由释放，结局却是死亡地狱。

有人认为，有钱有权就有了一切。金钱、地位能带来真正的幸福与自由吗？娜拉、安娜·卡列尼娜，《罗马假日》中的公主，她们都是贵族，金钱、地位应有尽有，然而，她们却选择了离家出走。富翁自杀，更说明了有钱买不来真正的平安与自由。

真正的自由是在爱里，在心灵的快乐和平安。彼此相爱，爱人如己，归根到底是解决人与人之间的社会关系问题。有爱才有自由，仇恨、嫉妒、纷争只能带来恐惧与不安。

千百年来，人们一直在为争取自由而奋斗不息。人们向往自由，渴望灵魂得到彻底释放。人们把自由看得比生死还重要，可见自由的可贵，自由的分量。诗人裴多菲曾为自由讴歌：生命诚可贵，爱情价更高，若为自由故，二者皆可抛。

在伊甸园中，亚当与夏娃自由自在、无忧无虑地生活，没有疾病，没有战争，没有罪恶。然而人骄傲悖逆，被赶出了伊甸园，失去了美好家园。从此开始了互相残杀，堕落到罪恶的深渊。至今，世界很多地方仍然硝烟弥漫，人们流离失所；灾害疾病不断，令人恐惧颤惊，谈何自由？

每个人都要吃自己行为结出的果子。种下罪恶，必收败坏的果子；种下仁爱，必结和谐的果子。多少人经不起诱惑，犯罪堕落，上了贼船下不来，如吸毒、卖淫团伙。多少人因放纵而染上性病等各种疾病。灵魂与肉体陷在死亡恐惧黑暗中，心在痛苦中煎熬，哪里有自由与快乐？

南非前总统，伟大自由的勇者——曼德拉，为了民族获得自由，像马丁·路德·金一样奔走呼唤了一生，蹲了27年监狱。他把追求个人自由的渴望转化为对人民自由的渴望。他曾说："我不能享受，在我知道我的人民不自由的时候，我被允许享受最起码、最有限的自由。我的人民身上带着枷锁,也就等于我的身上带着枷锁。剥夺别人自由的人,是可恨的囚犯,他被锁在偏见与心胸狭窄的铁窗后面。”

在就职演说上,他慷慨激昂:“我们终于获得了政治解放,共同庆祝这个属于正义、和平、尊严的伟大胜利。我们终于得到了自由！让自由主宰一切。”

真正的自由不仅要打碎身上的枷锁,更要打破心灵的枷锁。真正的自由是身处荒漠,仍有盼望,心中有甘泉流淌;身处困境,心中仍然有天堂,自由飞翔,鸟语花香。

在爱的国度里,人的内心有真正的平安和喜乐,那才是真正的自由,不受罪恶的辖制和捆绑,正如罗曼·罗兰所说:“精神自由是一个人最神圣的财富。”一个内心充满仇恨的人,内心是苦毒的、气愤的,复仇的火焰占据了他的心房。一个内心充满污秽的人,自私、贪婪、嫉妒、纷争搅得他烦躁不安,何谈快乐、宁静、自由与释放。内心监禁的仇恨释放了,内心的污秽垃圾清理干净了,心灵才变得清澈而敞亮,灿烂而澄明,自由而奔放。这种奔放是爱的升华,心灵的放飞,将赢得真正意义上的自由,换来一个充满爱意的世界。

写到这里,我眼前仿佛出现自由的战士曼德拉在挥舞手臂演讲:“我将继续为自由而战,直到结束我的生命。”在爱的国度里,自由像太阳一样从清晨的云雾中升起……

河伯与大海

庄子在《秋水》一文中，用河伯与大海的对话生动地阐明了人类应该谦卑的道理。当大河水满，浩荡奔流时，它为能汇聚千万条小溪而自鸣得意，自以为是宇宙中势大无比、最值得骄傲的势力。然而当它流向大海时，才发现，海纳百川，大海的浩瀚无垠岂是江河所能相比！大海却谦卑地说：我只是宇宙中的一部分而已。四海存在于天地间，不就像小溪存在于大泽之中吗？于是河伯谦卑下来，认识到自己的渺小骄傲。

希伯来古谚说："人类一思考，上帝就发笑。"笑的是人类智慧的有限性和自高自大。水击三千里、展翅九万里的鲲鹏，尚需乘风而上，借风而行，顺势而为，何况人类乎？

人是最容易骄傲的动物，稍有成绩，稍有权势，就自以为是，瞧不起别人。有多少人自高自大，拍着胸脯说："我就是神，神就是我。"这种狂傲之人，不知人外有人，天外有天，不过是井底之蛙。明明是凡夫俗子，凡身肉胎，偏偏把自己当成神，不可一世，装出一副全知的模样，可笑又可怜。

伟大的科学家爱因斯坦曾说：探索宇宙的奥妙越多，越感人类的渺小、有限。孔圣人也曰："学不可以已。"这些无不启示我们，谦卑虚己的重要，学无止境，学海无涯的道理。

宇宙浩瀚无垠。几亿年过去了，然而，人类对宇宙的认识却只是一点点。就像一个蚂蚁爬到人的脚背上，只看到了人的小部分，而非全貌一样。人的道德更是有很多缺陷和丑陋：自私、贪婪、嫉妒、纷争、残杀……这些罪恶，都是骄傲惹的祸。箴言书上说："狂傲面前必有跌倒，谦卑面前必有尊容。"

骄傲导致悲剧。"泰坦尼克号"就是英国的"巴别塔"。它被造时，被认为是当时大英帝国富强且天下无敌的象征，人们相信没有任何东西能击垮它。整个英国从上到下，都陶醉在世界各地的扩张和统治取得的成就上。任何人做梦也没想到，这个天下无敌的"帝国"撞上一座冰山。

"泰坦尼克"号因种下骄傲的种子，首次航行就撞上了大西洋的冰山，面对巨大的冰山毁于一旦，葬送了几千人无辜的生命。自称为"永不沉没"的巨轮，逃脱不了冰山而永远沉没在大西洋海底。世上没有永不沉没的巨轮。骄傲煽动轻率，轻率迟早会导致悲剧。

爱尔兰作家托·穆尔说："谦卑是深埋在地下的甜根，一切神圣的美德都从那里萌生。"彻底谦卑，认识到人类的渺小、卑微、不完美，智慧的有限性。弃恶从善，不再骄傲，才能看到祝福和恩典的彩虹。

骄傲自大的人，犹如盲人骑瞎马，夜半临深池，走向深渊也不知晓。因为他们的心是黑暗的。谦卑的人，有光照耀他们，黑夜也如白昼，他们走过的道路，以恩典为年岁的冠冕，路径滴满了祝福的脂油。

预备好心灵的土地

祝福的种子,唯有在好的心灵土壤才能生长。周国平说:“对于心灵土壤肥沃的人,神圣伟大的种子始终存在。”

一块肥沃的土地,是植物生长的基本前提。没有一块好土地,再优良的种子也不能结出丰硕的果实。

圣经中关于撒种和四种土地的比喻,深入浅出,道出了预备好心灵的土地多么重要。

这里的种子是指生命之道,真理之道。这里的土地是指个人的信心、爱心和追求,人生信仰的根基。同样的种子撒在不同的土地上,其结果截然不同。

一是“种子有落在路旁的,飞鸟来了吃尽了”。这样的种子生命是短暂的,没等长大,便中途夭折。

二是“种子有落在土浅石头上的,土不深,发苗快”。这样的种子,没有沃土滋养,毫无根基,很快苗就枯干了。比喻生命漂浮在表面,一遇风吹草动,便随风而去,一遇挫折,就动摇,甚至跌倒。

三是“种子撒在荆棘地里。荆棘长出,种子被挤住”。比喻有的人被思虑、钱财所累,生命的种子不能茁壮成长,更不能结出丰硕的果实。

四是“种子撒在好土地里”。土地肥沃,适宜种子生长。意喻持守在诚实、善良的心里,活出美好的见证。在阳光雨露的照耀下,在肥沃土地的滋润下,结出累累硕果。

由此可见,种子撒在不同的土地上结出不同的果实。预备什么样的土地,决定结出什么样的果实。预备好的土地,才能与好的种子相匹配,为优良的种子提供一个良好的生长环境,才能带来迎接丰收的喜悦与欢笑。

源远,才能流长;根深,才能叶茂。希望找一个心仪的伴侣,首先自己要成为让人心仪的人;希望拥有高质量的生活,就要具备优秀的品德和才能;自己是一片贫瘠的土地,却期待好的种子撒下,再好的种子也无用武之地,又怎能结出好的果子。

预备好心灵的土地,就是在知识、见识、爱心、信心上多而又多,在世上作光作盐,照亮周围小地方。众人以为美的事要留心去做,与人和睦,追求圣洁,预备行各样的善事,向众人大显温柔。

预备好心灵的土地,让生命的根基成为沃土,迎接好的种子撒下,并不断施肥、浇水,直到丰收在望,硕果累累,欢庆胜利,分享收获的喜悦。

清气若兰

2009年，北京，一个寒冷的冬日，几位朋友应邀到鲁迅文学院白描副院长家做客。大家谈兴浓浓，冬天亦如春天般温暖。饭后，白院长即兴泼墨挥毫，为我们题字。给我题了两幅字，一幅是“兰溪女史：清气若兰”，另一幅是“幽兰清溪”。我如获至宝，收藏入柜。近日整理文稿，拿出来欣赏品味，愈加喜欢“清气若兰”这几个字蕴藏的含义。

我想，如果我们每个人都拥有兰花一样的清气，兰花一样的芬芳，这世界就多了几分宁静、祥和、美好，少了几分争斗、浮躁、喧闹。

拥有兰花一样品性的人，远离喧嚣，静静开放，清纯高雅，吐露馨香，心灵宁静而清洁。他们是清心的人，是有福之人。

清心才有清气。一个心灵浮躁、心绪纷繁、追求名利、爱慕虚荣的人，不可能有一种清气正气；清心就是心灵清净而清洁，心清则宁静，心静则神明，神明以致远，致远而丰富。丰富才能神思飞跃，纵横驰骋，认识人生真谛。清心的人，头脑清醒，思维敏捷，有条不紊。清心宁静，心静如水，甘露滋润心灵，才能听到宇宙伟大的声音，得到智慧的启示。

清心的人有福了，他们必享丰盛的人生。因为清心的人没有复杂与虚假，不求过多的心计与心术，不用刻意去讨好他人。不会因为贪心太重而忧心忡忡，因付出太多得不到回报而伤心烦恼，因他人对不起自己而愤愤不平，因欲望太高、欲壑难填而焦虑不安。清心的人，心中充满感恩、爱与喜乐，经络通畅，身体健康，其乐融融则矣。

古今中外，许多伟大作品的诞生，都是作家拥有清心与清气结出的果，就像远离喧嚣、开在山谷的幽兰一样，不要人夸好颜色，只留清气满乾坤。他们拥有一颗清洁的心灵、淡泊的精神、不屈的气节、伟大的灵魂，书写出流芳百世的佳作，给后人留下宝贵的精神财富。

我愿做一个清心的人，拥有内在的馨香之气，散发生命的芬芳。

清心的人在思想的高山上攀登，在精神的海洋里畅游，心中盛满了诗歌、音乐，有爱、有梦，用真诚的心拥抱世界，用关爱去温暖冰冷的心，他们是精神的富有者，必然觅得丰盛的人生。

分享免费的礼物——爱

听过一个难忘的故事，发生在圣诞节的故事，一个耐人寻味的故事。

某个教堂正在欢度圣诞节，教堂里外灯火辉煌，热闹非凡。西装革履的绅士们和穿着华丽的女士们在教堂里欢声笑语，欢聚一堂。

这时门外来了一个乞丐，衣衫褴褛，径直往教堂里走，他要与人们一起欢庆耶稣诞生的节日。站在门口接待的人挡住了他，不让他进去。乞丐难过地跪下哭了，他伤心地说："耶稣，我的救主啊，你都看到了，我想进去庆祝你的诞生日，可是他们却不让我进去。"一边哭，一边祈祷。

恍惚间，他感觉耶稣正向他走来，他百感交集地扑上去抱住耶稣。耶稣也深情地热烈地拥抱他、抚摩他，安慰他说："别难过，孩子，他们也不让我进去"……

这个故事意味深长，引人思考。圣诞节本是纪念耶稣诞辰日，然而他们却把主人——耶稣挡在了门外。心中没有爱，这样的节日欢庆已经失去了它的初衷和目的，又有何意义？

每到圣诞节，洁白的雪花，五彩的圣诞树，绚丽的烟火映衬出多彩的圣诞节。一抹夕阳染霞光，夜幕降，华灯上，白雪镶青松，欢声嵌盛装，大街小巷到处似欢乐的海洋，流光溢彩的世界。美得让人更加喜欢它、眷恋它。孩子们盼望圣诞老人给他们送来五彩缤纷的圣诞礼物。

夜幕刚降临，大街小巷就披上了绚丽多彩的盛装，到处是灯的海洋。道路两旁的电线杆上挂上了各式各样的彩灯，大大小小的酒店前，"长"出一颗颗圣诞树，树上的小彩灯不知疲倦地眨着美丽明亮的眼睛，通宵达旦，圣诞礼品挂满了圣诞树，还有可爱无比的圣诞小房子。

整个夜晚沸腾了。不管有没有信仰，人们走出家门，涌向大街，涌向各个广场，更多地涌向各个酒店。那股兴高采烈的劲头，比过年还要热闹。所有酒店都爆满，被预订一空，所有的商店都人头攒动。

然而，在拜金主义盛行的今天，在一些地方，圣诞节已经变味，越来越世俗化，甚至发霉。因为许多商家把这个伟大的节日变成了一种以盈利为目的的商业性活动，变成了赚钱的机会。心中没有爱，这样的节日欢庆已经失去了它的初衷和目的。

圣诞节的真正意义和永恒价值是什么？那就是爱。这份礼物你收到没有？虽然眼睛看不到，你心却能感受到，那就是爱，只要你敞开心扉，就可白白领受这份礼物。

大山可以挪开，小山可以迁移，唯有爱不能改变，唯有爱是永远的！世上有什么能征服人心呢？是战争吗？是金钱吗？是地位吗？不，这些都不是。唯有爱能征服人心，唯有爱能征服一切。

没有免费的午餐，没有无缘无故的爱，唯有一种礼物不用花钱就可买到，而且从不过期，永不作废，可以永远享用，那就是爱。

爱是最好的免费礼物，金钱无法买到。

爱是给予，给予是一种爱的流露。“予人玫瑰，手有余香。”这件礼物，是无价之宝，是无形资产。

爱是炭火，温暖冰冷的心；爱是太阳，融化坚厚的冰；爱是春风，吹开鲜花的笑脸；爱是春雨滋润万物生灵。

在科技进步、物资极大丰富的今天，为什么很多人仍在得与失之间茫然，感到一切都是虚妄的？

一个人的内心如果不被爱占领，其他欲望就会捷足先登，而且永不满足，欲壑难填。唯有爱能满足。有纯正的信仰，心灵才有故乡，才有归宿感，心不再漂泊、流浪。与更多的人分享免费的礼物——爱。

但丁说，爱是美德的种子。歌德说，爱是真正使人复苏的动力。让爱充满我们的心，让爱浇灌我们的心田。

万家灯火总会熄灭，圣诞的蜡烛也会燃尽，唯有爱是永远的！让我们一起聆听圣诞钟声，聆听让世界充满爱的交响！如果你是一个善于聆听的人，你一定会听到美丽圣洁、爱与智慧、穿越时空的伟大声音，让每一个跳跃的音符淌过心的河流，回归自由的情怀。

丰盛的生命

台湾聋哑人黄美廉，因患脑疾全身扭曲变形，看上去很丑。然而她靠着顽强的毅力，自强不息，到美国深造，学习绘画，并成功举办了个人画展，得到绘画大师们的交口称赞。

黄美廉的外在生命是残缺的，但她的内在生命是丰富的、绚烂的。

有多少健全的人活得空虚、无助。影视明星、富翁、博士自杀……一件件触目惊心的事，发人深省。他们生活富裕，有名有利，却为何轻视生命？一定是内在生命出了问题。因为他们轻看了生命，不懂得生命的意义与价值。

生命是一个奇迹，每个生命都是独一无二的。

人的生命包含外在生命和内在生命。一个人如果没有内在生命与美丽灵魂，自然的生命就仅仅是一个空壳，这个人就只是一个行尸走肉而已。

当今社会，有钱人越来越多，然而又有多少人内心空虚。因为他们没有信仰，没有精神追求，没有内在生命，自然生命也因此而失去了附丽，空壳很易倾塌。就像一棵树，根死，树枝与叶必枯槁。

有多少人赌博、吸毒、贩毒、淫乱。这些人虽然有着自然的生命，却因为堕落犯罪，使内在生命死亡。

生命是一种内在素质，生活是生命的外在表现。生命活出来就是生活。一个内在生命充满喜乐平安的人，他的生活一定是美好的，洒满阳光的，富有情调的，即使平淡的生活也会被赋予新的意义。

“把船开到水深之处。”只有把船开到海洋深处，才能网到更多更大的鱼。同样，一个人只有进入生命的更高境界，把生命之船开出狭隘的港湾，开到广阔之处，才能感受海的博大与宽广，心胸才会豁达开朗。有了丰盛的生命，才有永恒的追求与境界。

不断寻求内在生命境界的人，认识生命的本质，生活质量的根本，重塑价值观、人生观，生命因探寻而更新而变化。他们不再满足微不足道的成就，而是追求一个更高尚、更尊贵且丰富的生命。

野地的花

星期天，我在明泽湖畔漫步。大连的春天姗姗来迟，来自内蒙古高原的北风，夹着湿润的冷空气袭来，寒意阵阵。湖畔人很少，树没绿，花未开，心情也盎然不起来，只有地里不知名的野花，偶尔露出笑脸，报告着春天悄然来临的信息。走着走着，轻轻的歌声在身边飘过，歌声中充满欢欣与甜蜜。我停下脚步，循着歌声望去。是一个环卫女工，三角形大围巾严严实实包住了她的头，只露出窄窄的、布满皱纹的脸。她一边打扫卫生，一边唱着歌：

野地的花，
穿着美丽的衣裳，
天空的鸟儿，
从来不为生活忙……

一个普通的环卫工，她的生活是清苦的，工作是辛苦的，然而，此时此刻，她的心情就像野地的花，无忧无虑。她的歌声充满了喜乐与感恩，给我心头带来阵阵暖意，周围的一切也变得美好生动起来。

不要为明天忧虑。因为忧虑使人愁烦，愁烦危害身体，问题也不会因忧虑而解决。“你们哪个因为忧虑使寿命加增呢?”多愁善感的林妹妹就是忧郁过重而死。可见喜乐多么重要，忧郁的结果多么可怕。

人自从来到尘世，哭着来，哭着去。几十年的工夫一直与忧愁相伴随。大人物有大人物的烦恼，小人物有小人物的悲哀。人啊人，就是如此自寻烦恼。没吃没喝忧愁；有吃有喝，照样忧愁；大富大贵，惆怅更多。皆因人的贪婪、罪性使然，每个人的心中都有个无底洞，名利地位金钱都无法满足，只有爱、平安、喜乐能够将其填满。你看那野地的花，不劳苦，也不纺线，却穿着美丽的衣裳。天空的鸟儿，从来不为生活忙，活得轻松自在。

谋事在人，成事在天。我们不知明天的道路，有些事情我们无法把握。地震、海啸，生死转换于顷刻。当人类面对大自然的威力，生命邂逅死亡之时，顿感生命之脆弱、无助。所以，没必要为明天忧虑。活在今天，活在当下，让每一天在平安喜乐中度过，不给每一天留下遗憾，像百合花绽放最美丽的容颜。

一个挑担人，上了船后，只管把担子放到船上，否则仍自己担着，那不是自寻烦恼、自讨苦吃、可笑的傻瓜吗？

生命短暂，如同眨眼，像流星般划过。生活的每一天都是特别的日子，每分钟都那么宝贵。将来、总有一天不应该存在在我们的字典里。时光是我们要珍惜的宝贝，而不是要挨过去的日子。

找一本喜欢的书，打开音乐，躺在沙发上，抓住一些属于自己的时间，让心灵得到饱足；透过玻璃窗，欣赏眼前的美景：蓝天、白云、绿树、青山，让身心释然放松；写一封信，表达浓浓的情意，尽情爱人，爱父母、爱子女、爱身边的每一个人，好像从来不会受到伤害。尽情歌唱、尽情赞美，献上感恩的心，感谢造物主赐我们美好的一切，就像野地的花，不管明天是否有暴风雨袭来，都会尽情开放，尽情绚丽，让灵魂自由飞舞。

野地的花是渺小的，与许多名花相比，甚至是卑微的，也正因如此，它们才没有狂妄的欲念，无所忧愁，少有烦恼。野地的花让我领悟了生命的开端和终结、欢乐和痛苦的奥秘：放下自我、小我，仰望无尽的宇宙，璀璨的星空，挣脱欲望的缰索，卸下沉重的负荷，击碎心灵的捆索，去回应大气磅礴生命的呼唤，一展自由之胸襟，享受一种别样的、博大的爱——爱生活、爱生命、爱大地、爱人如己！

彩虹之约

2012 年的 8 月，中央电视台的一个频道，播放了韩国和美国科学家考察团在土耳其的亚拉腊山上，发现挪亚方舟的报道。这进一步证实了挪亚方舟、大洪水的真实性。

一部神奇之书也曾记载了一段“彩虹之约”的故事。

上古时代，世人都败坏了，终日所想的尽是邪恶，地上布满了强暴，唯有挪亚是义人，在耶和华面前蒙恩。于是，上帝晓谕他用歌斐木造一艘方舟。挪亚就照着行了，一点儿不差地造了一艘高三十肘，宽五十肘，分上、中、下三层的方舟，相当于现在一个足球场那么大。

远古时代生产力水平低下，又无任何技术支持，要建造如此庞大的方舟，只有挪亚一家八口人，简直就是天方夜谭。邻居们都嘲笑他：哪里会发大洪水、别吓唬人了，挪亚是个大傻瓜。在嘲笑声中，挪亚信心不减，义无反顾地建造方舟。众人的不解，建造过程的艰难与辛苦，可想而知。然而挪亚没有被困难吓倒，而是一丝不苟、锲而不舍地把方舟造了出来。

方舟造好后，二月十七日那天，洪水泛滥在地上的时候，挪亚一家八口和各种动物上了方舟。天降洪水四十天，“大渊的泉源都裂开了，天上的窗户也敞开了，水势浩大，天下的高山都淹没了，在地上共 150 天”，人类及地上的一切活物都灭绝。唯有方舟中的挪亚一家八口人和各种动物一公一母活了下来。中国的汉字“船”就是“八、口、舟”三字的组合。

七月十七日，方舟停在亚拉腊山上。水渐消后，挪亚放出鸽子，鸽子衔回一枚橄榄枝，证明洪水退了。挪亚一家走出方舟。挪亚筑了一个坛，献上燔祭。上帝闻到馨香之气，非常高兴，对挪亚说：我要与你和你的后裔立约，不再发洪水。我把彩虹放在云彩中，作为立约的记号。这就是上帝与人立的新约——永恒的约。彩虹为证，千古不变。

大洪水一事，在许多民族的史书上都有过记载，证明那时确实发生过大洪水。

挪亚方舟的故事给我们这样的启示：顺应天意、行在公义里、行在正义里、行在道德里，远离邪恶，不但本人受益，家人及后代也会得到福泽，并造福全人类。

渴望和平，向往美好生活的人们，希望看到永恒的彩虹。而人类自私、贪婪、犯罪的阴云遮蔽了彩虹的天空，祝福的喜雨。

彩虹之约是人与自然之约，和谐之约，多么美好！多么神圣而绚丽多彩！但是，能否遵守彩虹之约是对人类的严峻考验，在人间的真善美面前，彩虹是云彩中的永恒；在人间假丑恶面前，彩虹是转瞬即逝的幻影。在今日的天空中，如果彩虹消失，那肯定不是上帝的失约，而绝对是人类的罪孽了。

带着罪恶的人是无法得到恩典和祝福的，就像一只装满污泥的杯子，清纯的水是倒不进去的。只有把污泥统统倒掉，干净的水才能充盈。纯洁、公正、仁爱、快乐、和平、节制、温柔、良善，是人类应该拥有的共同的品质。人类无法选择自己的故乡，却可以选择心灵的故乡。有了美好的德行，高尚的品德，和谐的人际关系，这个世界将会减少多少流血、眼泪与仇怨，我们的星球将是彼此相爱、和谐共处、处处充满歌声、笑声的乐园。

与你有约，是永恒的约。

彩虹为证，千古不变……

睁开心灵的眼睛

凯伦·海勒，是集盲、聋、哑于一身的不幸女孩，残酷无情的现实把她抛进了黑暗、寂静和绝望中。是她的老师——安妮·莎莉文，这位无私、伟大的女性，用她全部的爱和智慧，给她以生活的信心、勇气和力量，并帮助她掌握了五国文字，以优异成绩毕业于哈佛大学，征服了黑暗，创造了人间奇迹。

海伦也以超人的智慧和惊人的毅力，传递着光明。她把自己的毕生精力和学识倾注到本国和世界盲人、聋哑人的公益事业中，创办了“凯伦盲人基金会”。她以自己走过的艰难而成功的道路，激发残疾人及其他正常人的生活勇气和向命运挑战的力量。

海伦的眼睛是黑暗的，但心灵的眼睛却是明亮的。

当爱之光照耀许多盲人心灵时，他们的心灯被点燃，他们的世界不再黑暗。

与海伦一样的盲人还有很多，他们需要福音，需要光明，需要“看见”这个美丽多彩的世界。

有一所盲人按摩学校，在一间又矮又暗又闷而且简陋的教室里，几十个盲人孩子带着自食其力的梦想，学习按摩技术，只为了不成为家庭的负担。他们都是苦孩子，从小就生活在黑暗中，他们的心灵扭曲而冷漠，渴望得到人们的尊重和关心，但又生怕受到欺骗和愚弄。虽然他们知道社会上有爱心人士关心他们，为他们做慈善，但他们通常认为，关心和慈善就是送给他们一点儿钱花，在物质上帮助他们一些，在他们学校墙壁上有个很大的海报，把爱心捐助的企业和个人列表公布。除此之外,他们不再相信其他。

但有一天,爱的光照耀到他们这里,他们的心扉被打开,他们的内在生命发生了奇妙的变化。他们明白了,虽然他们的眼睛看不到,但他们可以打开心灵的眼睛。那一段日子,这些盲人孩子好像一下子长大了,他们开始如饥似渴地读书学习。聚会中心兴旺起来,从四五个人,发展到十几个人,越来越多的盲人加入其中。有的盲人在自己工作的地方,还会开启正常人的心灵,常把按摩中的客人带到他们的聚会中心感受爱、分享爱。

在物欲横流、世风日下的今天,许多人被金钱、地位、美女等物欲蒙住了双眼,陷入罪恶的深渊。一个个贪官被双规、绳之以法。在大快人心的同时,我们也为这些官员断送了辉煌事业甚至年轻生命而扼腕惋惜。

欲望、贪婪,迷住了人类心灵的眼睛,使人们看不到正确的方向,不知什么是正路。黑白颠倒、欲壑难填,摧毁了人类美好的精神家园。

睁开心灵的眼睛吧,人们!不要在黑暗的泥潭中越陷越深,接受光明,黑暗就会退去。

永恒的爱

“下面我为朋友们清唱一首《母亲》,我要把这首歌,献给我远在祖国的老母亲,以及天底下所有的母亲,祝福所有的母亲一生一世都有恩惠慈爱相伴随!”在聚光灯照耀的晚会舞台上,在中外友人热烈的掌声里,说完这几句话的我,早已潸然泪下。我弯下腰,为远在大洋彼岸的老母亲以及天底下所有的母亲深深地鞠了一躬。我一边唱,一边流着眼泪,眼前出现白发苍苍、饱经沧桑的老母亲。随着演唱的深入,同胞的情绪被完全调动起来了,唱到第二段的时候,整个晚会现场都在唱着同一首歌《母亲》,很多同胞流下了热泪,沉浸在对母亲的感恩和思念之中……

你入学的新书包有人给你拿
你身在他乡住有人在牵挂
你躺在病床上有人掉眼泪
你委屈的泪花有人给你擦……
这个人就是娘,这个人就是妈
这个人给了我生命给我一个家……

在加拿大蒙特利尔文化剧院春节联欢晚会上,我终于实现了在真正的舞台上为母亲献歌的愿望。我尽情地抒发和挥洒对母亲的情感,感觉就像是在她老人家面前一样。此时此刻,虽然没有现场直播,母亲没有亲耳听到,但她老人家一定会感受到女儿对她深深的思念与敬意,感受到那来自大洋彼岸女儿的真情述说,述说着对她老人家无尽的感激之情。

母亲，世界上最伟大的名字，母爱，世界上最伟大的爱，永恒的爱，就是用上千言万语也表达不尽我们对母亲的感激之情。

母亲给了我三次生命

不管在哪里，不管什么时候，只要一想到母亲，我的心就百感交集，泪涌心头，因为每个人从母亲那里获得的生命只有一次，我的母亲却给了我三次生命，使我获得了三次新生。

我不满周岁时，患了严重的肺炎，已是奄奄一息。在 20 世纪 60 年代，这病是致命的。当时父亲出差在外，瘦弱贫血的母亲，抱着奄奄一息的我冲进雷雨交加的茫茫黑夜。一路上跌跌撞撞，半夜跑到医院。

当时，血库里没有与我血型一样的血浆，家里穷的又没有钱。医生说："这孩子没救了，即使要救，也要花很多钱，就算花很多钱，也不一定能救活。"几天几夜没合眼、没进食的妈妈，已是昏昏迷迷，虚弱不堪，一听到孩子没救了，一股神奇的力量，使她一跃而起，踉踉跄跄奔到院长室，跪在院长面前，痛哭流涕，苦苦哀求院长："求求你们一定要救救我的孩子。"同时把医院几个院长都找来了，并毫不犹豫地说："把我的血输给孩子，再用我的血换成医药费。"院长劝母亲说："你这么虚弱怎么能献血?""救孩子要紧。"母亲挽起了袖子，执意要献血。院长被母亲的精神深深打动了。伟大的母爱，不仅支撑起我的生命，也支撑起医生抢救我的信心和决心。母亲的血一滴滴流进我的血管，母亲的爱注入了我的生命。母亲用自己的血和眼泪感动了上帝，我死里逃生，奇迹般地活了过来。这是母亲给我的第二次生命。

哲人说：母爱是最无私、最珍贵的爱；诗人说：母爱是最动人、最伟大的爱；我说：母爱是最勇敢、最无畏的爱。世上没有一种爱能与母爱相提并论。

我又一次获得了新生，而母亲献血后，因家中生活困难，血一直没补上，多年来，一直患有缺铁性贫血，落下了晕厥的病根。有时站着好好的，会突然晕过去。我亲历过两次，吓得魂不附体。

三年自然灾害时期，施虐的洪水泛滥。家中仅有一个人的口粮，母亲留给了工作较累的父亲，已有身孕的母亲以树叶充饥。本来就营养不良的身体，更加雪上加霜。缺铁性贫血使母亲心脏一直供血不足，后来竟患上了脑梗、心梗，心脏经常疼痛。

母亲心细又敏感。60年代，我刚满周岁时，我家的平房屋顶用油纸铺盖，上面压上石头。那个年代住的都是平房。一天，怕孩子伤热，母亲把睡在热炕头的我刚挪到炕梢，突然，一块大石头从房顶砸下来，落在我躺过的地方，吓的母亲出了一身冷汗。多危险啊！多亏了母亲，石头没有伤到我，再晚一会儿，后果不堪设想。母亲再一次挽救了一个小生命，这是母亲给我的第三次生命。

每个人的生命只有一次，何等宝贵，而我的母亲却给了我三次生命，使我获得了三次新生。即使我倾其所有，也无法报答母亲的大爱。

母亲的大爱在细节、母亲的大爱在平凡、母亲的大爱无边无际。

母亲的信

母亲不但给了我三次生命，还给了我无尽的爱，永恒的爱……

妈妈外刚内柔，总是悄悄地流泪。有时候半夜起来，经常看见妈妈一边干活，一边流泪。妈妈那是把生活的艰辛和思念家乡的痛苦，都留在了人后，因为她要把欢笑和爱带给孩子们，带给身边的每一个人。为了培养孩子，妈妈十几年没买一件衣服，二十多年没回老家。乐器买不起，妈妈就给我们从邻居家借来。“文革”时期书买不到，就到处给我们借来。我们兄弟姐妹广泛的爱好，都是妈妈心血的结晶。

我没有辜负母亲的期望，18岁金榜题名，考到了南方的一所大学。体弱多病的我要到千里之遥的他乡，母亲的心怎能放下？母亲熬夜为我絮了新被褥，随着手中的针线起起落落，点点滴滴的泪水连同那颗慈母心都缝进了被褥里。我走的那天，母亲没流一滴泪，她怕我看到后放心不下而影响学习。听爸爸说第二天，她却哭了一整天……

我走后，妈妈整天坐立不安，惦记这儿，牵挂那儿，整天流泪，心也随我而去。流泪、上火，泪与火相攻，她的视力急剧下降，左眼经常不知不觉流泪，至今，眼睛还留着黑点。

没有上过学的母亲接受扫盲后能够识字、写字了，经常给我写信。可每次信纸都是皱皱巴巴的，上面有泪痕风干的印迹，我知道母亲惦记体弱多病的我，那是她滴在纸上的泪水。大学毕业后，我分到了外地工作，母亲的思念、牵挂化作无尽的泪水。我的心里满是对母亲的深深歉意，为什么我带给母亲的总是流不尽的泪？

咀嚼母亲带着泪痕的信，我想起一个真实的故事。

第二次世界大战期间的法国，有一个儿子告别母亲，踏上了战争的征途。他驾驶着战斗机转战各国，母亲几乎每天都会寄信给儿子，言语中充满了鼓励。儿子从母亲的一封封信中得到了勇气和力量，作战十分勇敢，终于成为战斗英雄。战争结束后，当他回家看望母亲时，母亲却早在他踏上征程三个月后离开人世。母亲三年中给他写的所有信件，是母亲临死前全部写好后，交给一位朋友代寄的。儿子明白后，一下子扑倒在母亲墓碑前，无力站起……

这就是母亲的爱，永恒的爱！

母亲的爱，价值有多大，无法用语言表达，母亲的爱已化作无私，化作圣洁之泉，流进儿女心扉，是我们心灵无尽的力量源泉。

母亲的手

母亲的一生就像一台不知疲倦的机器，双手不停地忙碌着，而我从来没有仔细端详过母亲的手。

家中生活一直很困难，我和姐姐又相继考上大学。为了攒钱供我和姐姐两个人上大学之用，八年来，母亲舍不得买煤，在零下30多度的三九天，到工厂的炉灰中拣煤，双膝跪在地上，一拣就是几个小时。双手冻得又红又肿。母亲，用她的双手，拣了八年的煤，供完了两个大学生。她自己却患了风湿病、骨质增生、中风等疾病。至今仍然被疼痛所折磨。每每想起这一幕幕，我就泪如雨下。

随着年龄的增长，我越来越爱母亲了，每次回家我都要给母亲按摩，从头到脚。按着因骨质增生而凸起的双手，我的心就痛痛的，眼泪涌上来又咽到肚里，怕母亲看见。捧起母亲的手细细端详，才发现母亲的手指因为裂口子，被胶布一层层缠着，雪白的胶布已被磨得黑中透亮。这就是母亲的手，默默支撑着这个家。抚摸母亲的手，我才真正理解了母亲，体味到“母亲”二字的真正含义，那就是无私的爱与完全的奉献。

母亲的手凝聚了母亲多少情、多深的爱，我无法计算和表达。但我深知：山，没有母亲的爱高；海，没有母亲的爱深；天，没有母亲的爱广阔；地，没有母亲的爱包容。风是爱的呼唤，雨是情的交融。在这个世界上，最牵挂我疼我的人是给我三次生命的母亲。无论我走到哪里，都走不出母亲的视线、母亲的大爱！

母亲的手，浓缩了母亲一生的沧桑，镌刻着母亲抚育儿女的全部希望，换来了儿女的美好前程，却送走了她自己的青春，埋葬了自己的爱情、追求和理想。每当想到母亲为儿女落了一身的疾病，在痛苦中煎熬了一生，我的泪水就止不住流下来。

母亲的手是一部撼人心田的巨作，是一部催人奋进的史诗。读懂了她，就读懂了人生的真谛。

如果这个世界有一个人惦记你，那一定是母亲。儿女是母亲心灵深处的最爱，只要儿女们快乐地活着，就是母亲最大的快乐。如果我们都能理解母亲的爱，用母亲这种无私而伟大的爱去对待其他人，我们才能爱人如己，才能彼此相爱，才能让爱散发生命的光辉，照亮人生之路。母亲是一本历史书，将爱深深地镌刻在翻开的记忆中。世上很难有永恒的爱情，却绝对存在着亲情，特别是母爱之情。

儿童乐园“老地方”

为了圆圆那颗受伤、无助、孤苦的心，我必须按时赴约，无论刮多大的风，下多大的雨。她那颗幼小的心灵，早已饱经风霜，过早体验人生的世态炎凉，我必须去弥补她深受创伤的心。用我满腔的热情和爱去温暖她孤苦的心，不能让她的心再痛楚、绝望。所以我必须按时赴约——儿童乐园“老地方”。

认识圆圆是一个偶然的机会。

那天下午，我一个人漫步在儿童乐园落叶缤纷的小路上，悠然自得，也带着一丝淡淡的忧伤。走累了，便坐在“小悠车”里，随着悠车前后摇摆着。

正是晚秋，金黄色的落叶翻飞了一地。弥漫了天空、弥漫了我的视线。我在浓浓的秋色中品味、遐思。在自然的怀抱中，求得心灵的平衡与宁静。

一直坐到黄昏。我刚要离开，从身后传来清脆的童音：“阿姨，几点了？”我回过头来，只见一个秀气而又瘦弱的小女孩，站在我面前。她背着书包，面容娇脆，一双小小的眼睛露出忧郁的神情。“阿姨，我悠你吧。”她一边说一边悠着我的车。好像我是小孩，她是大人。我心里立刻喜欢起她来。多么懂事的孩子啊！她那双流露出淡淡忧愁的眼睛，吸引了我，引起我探究的好奇心。

“这么晚了，你怎么不回家？”

她带着伤悲的口吻说：“我妈不在这儿，她去了海南。爸爸有时回来很晚，我忘记带钥匙时，没地方去。”

“天黑了以后，你一个人怎么办呢？”

“我到邻居家。或坐在楼梯口等爸爸。”

“你妈妈还回来吗?”

“不回来了,她和我爸爸离婚了。”说着,小女孩还递过来一封信。

我打开信,一行行工整而略带稚气的字映入我的眼帘:

妈妈:

你已经走了两年了。12岁的我痛苦有很多很多。爸爸常常回来很晚。忘记带钥匙时,我只好在楼下等,九点、十点……我又饿又冷。爸爸经常发脾气,骂我、打我,说我为什么不死。上学时,很多男生跟在我后面,骂我是没有妈妈的孩子。我心里好难过。

妈妈你回来吧。如果你不回来,我活着还有什么意思。我真想死。如果你不回来,我就去死。妈妈你听我给你唱歌:

世上只有妈妈好,
没妈的孩子像根草,
离开妈妈的怀抱,
幸福无处找……

妈妈你听到了吗?你快回来吧,回来吧!

信刚看到一半,泪水就模糊了我的双眼,溢出了眼眶,刷刷地落到了信纸上。

圆圆的眼睛也湿润了。她看我哭了,忙擦擦自己的眼睛并来劝我:“阿姨,别哭了。我已经哭了不知多少次了,泪已流干,现在已经哭不出来了。”听了她的话,我更抑制不住心中的酸楚,哭得更厉害了。她的话紧紧揪住我的心,我为这可怜的孩子难过。

像圆圆这样失去了母爱、父爱的孩子,又何止一个呢?而那些得不到父母爱的孩子,大多都有较强的自卑感。能得到正确引导、自强不息的孩子,便成为与命运抗争的强者。自卑心理严重的,得不到关怀和温暖,便自暴自弃,成为玩世不恭的流浪儿,甚至走上犯罪的道路。

我和圆圆谈着,不知不觉,天已大黑。一看表,已是七点多。我领她出了儿童乐园,来到一家商店前,问她想吃什么尽管要。我要让她享受一下人间的温暖。哪怕这种爱只是短暂的。蜂蜜花生、巧克力、杏肉……她要了好多,我都一一满足了她的愿望。她高兴得笑弯了眉,那种发自肺腑的幸福快乐,溢满了她本是憔悴的小脸。

“你知道吗？阿姨,我曾经想过死。当我在厕所里想上吊时,被我爸发现了,没有死成。”“你这么小,怎么就想死？生活总会有新的希望。”我心中又是一阵痛楚。一种强烈的责任感和使命感使我充满慈爱和力量。

我抱住她那瘦弱的身躯,用最慈祥、最充满爱的语气安慰她:“要坚强地活下去。长大后,自强不息,有了本事,就什么都不怕了。一切都会好起来。有困难,就来找我,我会帮助你的。记住,在这个世界上,有个兰溪阿姨,她爱你,她愿意帮助你。”

“我以后不会让困难吓倒的。”她的小眼睛闪着希望的光辉。我长长地叹了一口气。

不知什么时候刮起了大风,夹着凄凄漓漓的雨点,向我们打来。正是暮秋时节,愁煞人的风雨很容易勾起我忧伤满怀。然而,在可怜的、孤独无助的圆圆面前,我的忧伤、惆怅都随落叶飘散。充满心房的是神圣的责任感和善良的同情心。

“阿姨,你早晨看钟了吗?”我说我没看。“那你看‘中’谁了?”一句话把我逗乐了。这孩子多么幽默、多么诙谐啊！苦中作乐,这是一种多么难能可贵的乐观精神啊!

“阿姨,今晚我特别高兴,因为我认识了你这么好的人。”

“孩子,世界上还是好人多。我能认识你也很高兴,我们一见如故,来,让我们交个朋友吧。”

我伸出手,握住她那又瘦又干的小手。我的心被一阵恻隐之情而紧紧抓住,寒冷袭上心头。

风更大了,天黑得伸手不见五指。不得已,我只能把她送回家。虽然,我还想继续倾听她的心声,让她尽情高兴。

分手前,我们约好了,星期五儿童乐园“老地方”见。

不巧,星期五,职工大学我任课的班级,要去温泉赏红叶,邀我参加。一年来,我与这个班级的同学结下深厚师生情谊，我又至爱红叶，很想与他们一起去。然而，为了圆圆，我必须按时赴约。如果我不去，她会怪我不守信用。最关心她的兰溪姨都不守信用，这个世界还有可信赖的人吗？我不能去温泉，而要去儿童乐园——"老地方"。

下午刚一开完会，我就直奔儿童乐园"老地方"。等啊等，四处找寻她那娇小瘦弱的身影，一直等到天黑，圆圆也没来。那也是个狂风大作的天气。

后来，圆圆费尽周折找到我们单位。告诉我，那天没有按时赴约，是发高烧，躺在病床上打吊瓶，没打完就往外跑，因为到了约会的时间。爸爸把她追了回去。

以后许许多多日子里，只要和圆圆约好了，不管下着再大的雨、刮再大的风，为了圆圆，我都按时赴约——儿童乐园"老地方"。

儿童乐园，一个普通的地方，成为爱的联络站，情的交融地。因为有了爱，对于圆圆，那些凄风苦雨的岁月，变得美好起来。

时光如飞而去。转眼，十几年过去了。我因工作调动，离开了那座城市。当时，通讯业尚不发达，没有她的电话。我走得很匆忙，无奈与她不辞而别。以后就失去了联系。如今，圆圆应该长成大姑娘了。她在做什么？她生活的好吗？我心里一直在牵挂。

圆圆，你还记得我吗？你的兰溪阿姨，与你在儿童乐园"老地方"约会的那个大姐姐。虽然我们远隔千山万水，我不能得知你的下落。但我一直没有忘记你，很是惦记你。我真诚地为你祈祷：愿你的生活洒满阳光，快乐健康成长！愿每年的每个月有人疼你；每个月的每天有人陪你；每天的每个小时有人关心你，每小时的每分每秒有人想你！愿你一生一世都有恩惠慈爱相伴随！

爱在海边

在甘井子少年宫，为“爱在海边”儿童村义演正在热烈进行中。整个会场都被爱的气氛所弥漫，每颗心都被爱深深触动了。人们争先恐后捐款捐物，奉献自己的一点儿爱心。捐大米的、捐钢琴的……那情那景，麻木的心也会为之感动。

我随天光圣诗团前往义演，当我们演唱的《让世界充满爱》响起时，我的心充满了神圣和爱的震撼。

演出间隙，我结识了“爱在海边”儿童村的创办人金主任，知道了儿童村的地址。

一个阳光灿烂的礼拜天，我约了大海、琳琳几个弟兄姐妹，向着远远的大黑石海边进发。

正值夏日的中午，烈日炎炎，闷热得喘不过气来。然而我的心却如春雨滋润过一般清爽，晴朗的天气一样明亮，兴奋和喜悦荡漾在心头。我们要把爱的芬芳带给那些缺少父爱母爱可怜的“特殊儿童”，让他们异样的心灵得到素不相识却真诚的人们的关怀与慰藉。

用了近一个小时的时间，边问边找，终于找到了坐落在大黑石风景旅游区的双台村。

这是一栋二层的小楼。刚一敲开门，迎接我们的是金主任和一大群孩子：“叔叔好！阿姨好！”在他们热烈地簇拥下，我们步入房间。首先映入眼帘的是正面墙上“爱在海边”儿童村几个鲜红的大字。客厅中间摆放着两排蓝色桌椅，一看便知是孩子们学习的地方。门口一架崭新的钢琴,金主任说是由福音琴行捐赠的,钢琴吸引了我们的琴师琳琳,她兴奋地弹起来。十几个孩子呼啦围了上来。随着《爱的奉献》美妙的音乐,我们引航高歌:

雨季奉献给大地

岁月奉献给季节

我拿什么奉献给你

我的小孩……

我们唱啊唱,一首接一首,整个客厅变成了欢乐的海洋。

金主任带我们参观了每个房间,介绍了儿童村的管理等基本情况。谈起这些孩子的身世,他如数家珍。

“这是一群特殊儿童。他们不是孤儿,但,他们有家不能回,有爹娘却不能相见,有孤儿院,却不在收容范围内。他们无人抚养,无人教育,无家可归,属于‘三无’儿童。这是社会救助体制和法律的真空。‘两牢’中的儿童也属于‘特殊儿童’,他们在法律上没有被关注的义务。河南少管所中,60% ~70% 儿童的父亲服刑,20% 儿童的父亲吸毒。这些孩子心理脆弱,心灵扭曲、变态,报复心理极强。

“我收养了这 13 个无家可归的可怜孩子,给他们起了新名字,每个人的名字都以‘海’字打头。海燕是一个两岁弃婴。海鸿的父亲被判刑 15 年,妈妈改嫁,5 岁被弃。海鸥……”

这些“三无”儿童,不能接受正规的教育。人在流浪,心在哭泣。

好心的金爸爸,千里迢迢从吉林来到大连,收养了这些可怜的孩子。在大黑石海边租了这栋二百多平方米的房子,每年的租金 15000 元,一个孩子的最低生活费就要 9000 元。

大学毕业的金主任,曾作过合资企业老总。为了挽救这些可怜的孩子,给他们一个温暖的家,接受正规的教育,金主任毅然决然辞去了老总职务,从家中拿出十万元钱,创办了这个儿童村。只能容纳 26 人的儿童村,刚一成立,就有 500 多人报名。

如果不来这里,真不知社会上会有这么多“特殊儿童”需要关爱,需要拯救。

身患糖尿病的金主任,在这些孩子面前既当爹又当娘,亲手给这些孩子缝衣物、做饭、送孩子上学。他所付出的是我们难以想象的，是做过父母的人都深有体会的。与金主任一起来的还有两个老师，她们也是抛家舍业，从外地来到这里，协助金主任照顾孩子的。他们是爱的使者，是天使在人间。

我带来了自己的处女作《枫林叶雨》。孩子们排成一排，我把签有孩子们新名字的书一一送给了他们。琳琳弹起了运动员进行曲。看着孩子们可爱的面庞，我的心中充满了喜悦与欣慰。

我摸着孩子们的头，语重心长、满怀期望地说：孩子们，好好读书、好好做人，愿你们健康成长！

海鸥，13个孩子中个子最高，眼睫毛最长，最漂亮的女孩，一边翻我的书，一边流泪。我猜想，她一定是看到了《妈妈的泪》那篇文章时，想起了自己的妈妈。妈妈，你在哪里？为什么不来接我？妈妈，你听到了我的呼唤吗？……我走过去，紧紧抱住她那瘦弱的身躯。我仿佛听到了她幼小心灵的呐喊，摸到了她内心深处的伤痛。她们的妈妈为何这样狠心？生了她们，却不养育她们，不给予她们应当得到的母爱，反而离弃了她们？

过去常听老人说：世上没有狠心的父母，只有狠心的儿郎。而这些“特殊儿童”的父母，为什么置他们的亲生骨肉于不顾？在他们重新找到自己的“幸福”、归宿之时，他们真的能幸福吗？当他们的孩子无家可归，流浪街头时，他们在归宿里能吃得香、睡得着吗？也许他们很无奈，然而，再无奈就应舍弃亲骨肉吗？尤其是那些坐牢的父母，他们因犯罪而无法对孩子负责，给孩子心里留下的阴影与不良影响，后果多么严重！

这些得不到父母爱的孩子，大多都有较强的自卑感。能得到正确引导、自强不息的孩子，便成为与命运抗争的强者；自卑心理严重的，得不到关怀和温暖的，便自暴自弃，成为玩世不恭的流浪儿，甚至走上犯罪的道路。

伴着琳琳弹奏的运动员进行曲，一对新人翩然而至。我们为他们献上《婚礼进行曲》：

琴声悠扬，
鲜花开放，

庄严的婚礼灿烂辉煌;

衷心祝福,

纵情歌唱,

让我们记住这美好时光……

这对新人,把自己的婚礼选在儿童村,把礼物送给孩子们。把一生最幸福的时刻留在儿童村。这是何等有意义,何等难忘,何等高尚的情怀啊!他们在收获爱的同时,也把爱献给了这些可怜的孩子们。我默默地为他们祈祷祝福:愿他们永远相亲相爱,一生都有爱相随!

欢乐的时光短暂而易逝。当我们即将离开,踏出大门时,孩子们依依不舍的目光一路追随着我们。海鸥哭得像个泪人,我也一边流泪,一边心疼地给她擦泪,安慰她说:"我会常来看你的,好好学习,长大有了本事,就可以自强自立了。"

一直目送到我们的车不见影子,他们仍久久地站在大门口,望着我们远去。金主任手拉着最小的刚来不久的小海燕。

不参加义演,哪里知道社会上还有这么多特殊儿童,他们缺乏爱,生活没有保证。他们太需要关爱了,太需要帮助了。

我们衣食无忧,吃起饭来还挑肥拣瘦;我们在父母无尽的爱中长大,还常常让老人生气、上火、担忧;我们喝的蜜太多,已对甜蜜麻木,习以为常。因为我们不懂得施比受更有福,没有把爱给别人,所以我们痛苦、郁闷、百无聊赖。

当白云奉献给草场,江河奉献给海洋,它们才在奉献中获得生命的价值。

当雨季奉献给大地,岁月奉献给四季,才使干涸的土地得以滋润,交替的四季才显出对比的瑰丽。

当白鸽奉献给蓝天,星光奉献给长夜,它们才在奉献中绽放美丽的光华,使生命大放异彩。

当绿叶奉献给花朵,才衬托出花朵的美妙绝伦;当春风奉献给冬季,才使枯草逢生,大地回春……

爱在奉献中获得了生命的价值,彰显出生命的美丽。

爱使天蓝,爱使草绿,爱使花香,爱使鸟唱。爱是太阳,使冰山融化;爱使月亮柔美，太阳光芒万丈。

爱是恩慈，是良善，是不求自己的益处；爱是不计算人家的恶，不喜欢不义，只喜欢真理；凡是包容、凡是忍耐，爱是永不止息。

无论是晴天雨天，冬天夏天，有爱与我们同行，心里就倍觉甘甜。有了爱，不在乎外面环境如何改变，心中永远有喜乐平安。这喜乐平安无人能夺走，无人能替代。这喜乐平安，使人们面对死亡毫无畏惧。

白帆飘荡在大海里，
小鸟翻飞在蓝天里，
溪水奔流在群山里，
花儿开放在春天里。
世上有这万般情谊，
只有爱是永远的。
人间有这万般情谊，
只有爱是不能忘记的。

除了爱，没有什么能抚平这些特殊儿童的心灵创伤，安慰他们受伤的灵魂，改变他们变态的心理了吗？没有，除了爱，什么都没有。

我祈盼着：愿爱的种子不仅撒在海边，还要撒到每个城市乡村，撒在每一个人的心里，让更多的特殊儿童得到关爱，让他们在爱里再无惧怕，在爱中再无伤悲。

宋庆龄的魅力

这世界美女如云，嫁给政治家的美女不计其数，各领风骚，令人眼花缭乱。在政坛上的风云女杰，也是星光闪耀。然而像宋庆龄这样集美丽、端庄、善良、修养、学识于一身的，确是凤毛麟角。秀外慧中、温文尔雅的她，是东方古典美人的典型代表，是东西方精神结合的典范，是理想主义的实践者，与国母的身份极为相称，让我仰慕已久。

2007 年 10 月，结束了俄罗斯之旅，回到北京后，利用一下午的空闲时间，去宋庆龄故居拜谒，圆我多年的梦。

宋庆龄故居，坐落在北京风景秀丽的北海和什刹海公园之间，一个好大好气派的大花园。门前碧波荡漾，岸边杨柳轻扬；院内古树参天，花木荟萃，芳草萋萋，曲径游廊，楼堂亭榭，错落有致，山石叠翠，湖水回环，相互借景，步移景迁。

"听雨屋"、"恩波亭"、"畅襟斋"、"瑰宝亭"。一个个富有诗情画意的名字，把庭院点缀得高雅浪漫。多么优美娴静典雅的庭院，充满诗情画意的园林啊！与东方古典美人宋庆龄的气质、性格极为吻合。只有像宋庆龄这样有品位、高雅、高尚的人，才与这有品位的庭院相配。

主楼草坪上的第二国旗升旗仪式，让人肃然起敬。私人庭院升国旗，这在国内外恐怕也是独一无二的。

故居内陈设了大量宋庆龄生前照片和物品，如见其人，如睹芳容。

从大学时起，我就喜欢上了宋家"二小姐"。我的影集扉页上，竟然是她美丽端庄的照片。我从不崇拜任何人,更不做浅薄的粉丝。虽然,女强人、女豪杰、女名人众多,而我偏偏对宋庆龄"情有独钟"。对许多女名人我佩服,但不欣赏。尤其对那些有了一官半职就不知天多高地多厚、自命不凡的女官,更是躲之不及,"敬"而远之。

宋庆龄给我的印象,却是女性美的典型代表。圣洁、深邃、宁静、优雅、高贵。虽然,她留过洋,又是大家闺秀,身为国母,却总是谦逊的、温柔的、内敛的。从内到外散发着馨香、光辉。她的眼睛和前额都散发着内在的魅力。

这种魅力出自她远大的理想、坚定的信念、振兴中华的伟大抱负。当她在国外读书时,得知孙中山领导的辛亥革命取得了胜利,她欣喜若狂。兴奋地喊着:"举起共和国的旗帜",并写下了著名的论文《二十世纪最伟大的事件》。论文字字凝心血,句句融激情。她的外国同学评价说:她的志向,她的情感,她的整个生命都是中国的。她是一个具有崇高理想的"理想家"。

这种魅力源于她不顾一切与孙中山结合,并追随他致力于民主革命。他们的结合不是一时的感情冲动,而是有着深厚的根源,牢固的思想基础。她把自己的青春、才华、理想与一个伟人紧密联结在一起,与中国人民的命运联系在一起。为此,置个人安危于不顾,跟随伟人的脚步,她奔波于枪林弹雨、战火硝烟中。这使她娇小玲珑的身影变得伟岸,人格变得崇高,而令人尊敬。高山为其仰止,大海为其澎湃。

孙中山去世后,她坚持和维护孙中山的三民主义,积极唤起民众,保障民权,争取民主。发起组织了"保卫中国同盟",从事抗战宣传救济工作及反法西斯斗争,赢得了世界人民的广泛支持与赞誉。

这种魅力源于她对和平的祈盼与向往,对实现"博爱"的努力与奉献。作为保卫世界和平事业的前驱,反法西斯委员会领导人之一,她是和平的使者,友好的使者。抗战胜利后,她一直战斗在反内战、争民主的第一线,发表了著名的《保卫中国同盟声明》。《保卫中国同盟声明》的电波,跨过高山,越过大海,传到五湖四海,得到了海内外广泛的响应。当国共合作实现时,她激动地流下了热泪。这真实地反映出她对孙中山三大政策的无比忠贞,热爱祖国的一片赤忱,也让人真切感受到她为国为民“掬其血诚”的挚情。

与中山先生一样，她一生喜欢鸽子，并亲自喂养它们。两个人不但志同道合，而且情投意合。如今，这些鸽子仍在，给幽美的庭院增添了和平、圣洁的气象。鸽子是和平的使者和象征，宋庆龄是和平的使者，爱的播撒者。她一生都在为推动和平统一大业而努力不息。

这种魅力源于她倾心于少年儿童的健康成长，憧憬人类美好明天。她一生没有孩子，但她把少年儿童的健康成长挂在心上。她的心中充满了挚爱，尤其对孩子的关爱。她创办了宋庆龄儿童基金会，发展儿童福利事业。在创建中国福利基金会时，她把建立十个托儿所与孤儿院放在远景规划中。在上海建立的三个儿童福利站，都设在贫困的劳动群众聚居的地方。她还不断写信给联合国儿童紧急基金会等许多国际救济组织，要求他们给中国儿童福利事业更多的援助。

她经常到儿童福利站视察，手把手教孩子识字。端详孩子们的脸色，询问他们的身体状况。她那慈祥的抚爱，亲切的话语，给孩子们无尽的温暖和力量。

这种魅力源于她渊博的学识，丰富的内涵，朴素的生活作风。她学贯中西，见过大世面。在她身上，既有东方女子的传统美德，又有西方人先进的思想和理念，可谓东西方结合的典范。在她的书房里，藏书就有三千多册。她的书信手稿，很多是用流利的英文写成的。

在她的客厅里，她的固定座位设在孙中山挂相的南侧，把主位让给客人。表达她对孙中山的尊敬与忠贞，对客人平等礼让的高尚品格。二楼的卧室兼办公室，是一些不配套的简朴的家具，可见她朴素的生活作风。

这种魅力源于她温文尔雅、柔和谦卑的传统美德。她没有因为出身名门，见多识广，又是国母而高傲，盛气凌人，始终保持温文尔雅、柔和谦卑的传统美德。她的五官是温文尔雅的，端庄的仪态，含蓄含笑的脸庞，白皙而娟秀。她的笑容是温文尔雅的，温柔的笑意挂在脸上。她的打扮是温文尔雅的，一丝不乱的黑发挽着美丽的发鬓。淡雅的旗袍简洁大方，古典而秀丽，无不流露出东方美人的高贵典雅。她的发型永不过时，她的形象是永恒的经典。定格在我的心中，定格在神州大地上，散发着无穷的魅力。

她喜欢秋菊，但秋菊经受的风雨，怎能与她一生在风雨中亭亭玉立相比。她像出污泥而不染的白莲，从不为各种各样的诱惑所动。威武不屈，富贵不淫的伟大品格，比白莲更加高洁。

在词汇的海洋里，我实在无法找到更美好、诗般的语言形容她那举世钦仰的品德，光照人间的风采，献身理想的精神，朴实无华的作风，坦荡豁达的胸怀。作为“国之瑰宝”，她的一生本身就是一首美丽动人、壮丽辉煌的诗篇。

本以为她的故居只是一个小院，几间房而已，没想到会是如此大气磅礴。在离开故居前，我在流言簿上写道：

女人心有多大，她的世界就有多大。温文尔雅、大气美丽的宋庆龄，我爱你！平凡不伟大，伟大不平凡。

宋庆龄

永远的亨德尔

在世界音乐大师中，贝多芬、巴赫、柴可夫斯基、肖邦的名字为人们耳熟能详，但，亨德尔的名字却鲜为人知。

每年的圣诞节，伴着圣诞悠远、深沉的钟声，世界进入祥和、宁静、庄严、神圣的时刻。平等、自由、欢乐的气氛打破了地理、权限、财产、种族的界限，打破了非人性因素导致的人与人之间的隔阂，世界在此刻拥有了一个共同的语言——爱。

那一天，普世欢腾，庆祝圣诞节。音乐大师亨德尔创作的《哈里路亚》响彻世界。在剧场，在教堂，只要《哈里路亚》的音乐响起，立刻，全场起立，肃然起敬，就连国王也不例外。1743 年，在伦敦演出时，英王乔治二世亲临会场。当《哈里路亚》奏响时，国王按捺不住心中的激动，站起来听完了全曲。于是，《哈里路亚》要站着听，作为不成文的规定一直延续到今天。可见圣乐的魅力、庄严与神圣。

2009 年新年音乐会上，由辽宁歌舞团演唱的《哈里路亚》，深深吸引了我，那庄严、神圣的歌声，使我放下手中的家务，聚精会神听完了全曲，我的心被辉煌的乐章、宏伟的气势、绝妙的大美深深震撼。

感谢音乐大师的伟大创作，感谢圣诗团的演唱，给我们带来了天使般的歌声，使我们享受到无比美丽的天籁之音，感受圣乐无与伦比的魅力和震撼力。

从那以后，我的心好像被一条无形的线牵引着，盼望着 12 月 25 日那一天早日到来，心中一遍遍萦绕着传唱了两千多年的《平安夜》和《哈里路亚》。

每年的圣诞节，很多人花上千元的票价走进各大酒店，在狂欢乱舞、烟雾弥漫中度过不眠之夜。这一天，也有许多人走进教堂，聆听圣诞钟声，尤其是感受亨德尔创作的《哈里路亚》大合唱的无穷魅力。我对酒店、商场毫无兴趣，伴着圣诞悠悠的钟声，我多次走进教堂，聆听《哈里路亚》奇妙无比的歌声，唱诗班四声部合唱，天衣无缝，气质天成，给心灵带来莫大的震撼，人们按捺不住激动的心情，情不自禁站起来，台上台下产生极大的共鸣，汇成欢乐的海洋。我无法用语言形容它的圣洁与美好，它带给人的力量、境界，绝非其他音乐所能比拟。它使人进入一种物我两忘、天人合一的境界，人心融进圣洁的氛围中，灵魂得到净化与升华。

《哈里路亚》蕴含怎样深刻的意义，为何如此让人肃然起敬？亨德尔怎会创作出如此伟大的音乐，让听到的人无法安坐，包括至高无上的国王也按捺不住心中的激动与尊崇？

带着好奇，我翻阅了有关资料，对音乐大师的创作心灵进行了一次短暂的寻访。

亨德尔出生在德国一个小镇。他本是学法律的，但因信仰的虔诚，对音乐的酷爱，使他一直在教堂担任兼职管风琴师，并创作了大量教会音乐。靠教会音乐和意大利歌剧起家的亨德尔，在英国发展时，却受到前所未有的冲击，他的几部歌剧上演相继遭到失败，最终他经营的歌剧院被迫关闭……1737 年，内外交困的亨德尔中风偏瘫，人们以为他的音乐生涯结束了。

就在这时，他的好友寄给他三个剧本，请他谱曲。其中《弥赛亚》像及时雨，使他干渴的心田得到极大的滋润，重新获得力量，对生活又充满了憧憬与盼望，激情、喜乐、力量重回到他身上。

在为《弥赛亚》谱曲中，他以惊人的速度和灵感，用 24 天时间，谱完了全部歌剧。他常常被感动得泪流满面，泪水浸湿了手稿。他要为生命谱写最美的乐章。这部旷世杰作在这种情况下应运而生，他也从偏瘫中奇迹般站起来，站在指挥台上。

1742 年，《弥赛亚》在都柏林首演时，引起极大轰动。亨德尔创造了感人至深的旷世杰作，成为世界音乐史上的瑰宝，成为巴洛克音乐永恒的经典。

1759 年春天，双目失明的大师，照例指挥了演出，在暴风雨般的掌声中，老人倒下了。这位巨星陨落了,享受了国葬的待遇,为辉煌的巴洛克时代画上了一个圆满的句号。

大师虽然远去了,但他留下的伟大作品,像徐徐的清风抚慰芸芸众生困倦的灵魂,使疲乏困顿的心灵,在极美的享受中,沉睡的力量被重新唤起,人们得到向上的快乐和进取的希望。

这就是圣乐无与伦比的魅力,这就是圣乐超凡脱俗的神奇!

圣乐用美妙的音符,把大地与天空,神圣与宇宙的韵律唱响。这是来自生命最深处神圣的声音,牵引着人的心灵和目光,向天飞升,羽化欲望与思想,净化灵魂与杂念,把人们带入更高的境界,脱离喧嚣与尘埃,提升精神境界,穿越茫茫黑夜,迎接崭新的黎明。

人类的精神通过音乐、歌唱得到复归。音乐使不完美的世界变得美好,又在世俗生活小径里,开辟了一条通向寥廓天地的大道,让人们回归精神的家园。这种神圣性,像一只神鹰,在天堂里遨游,抵达神圣光明的入口,赞美生生不息的生命力和崇高的人生主题,仿佛经过波涛滚滚的大海而后又进入辽远的平静。

千年曲阜，道德人家

提到我的故乡，心中便油然而生一种自豪感。铁道游击队、微山湖名闻遐迩，孔圣人之地更是享誉全球。然而，生在东北、长在东北的我，虽然对曲阜向往已久，却一直没有造访。2007 年 5 月鲜花盛开的季节，夙愿终于得以实现，我踏上了故乡的土地。

刚一踏上曲阜这片神圣的土地，就有迥然不同的感觉。林立于公路两旁的古树，神圣之气、庄严之气不可言喻，一看便知有千年历史。圣人之气似乎跨越千年，仍然笼罩在这片神奇土地的上空。

这些古树形态各异，虽然古老，却没有丝毫的凋零之姿、疲惫之态，仍是郁郁葱葱、整整齐齐，好像一个个饱经沧桑而又精神焕发的老战士，日日夜夜，千年不变，忠诚地守卫着圣人，不让他受到任何打搅，让他安然长眠。

作为一个伟大的思想家、教育家，孔子不仅有渊博的知识，独创的思想体系，达观的生活态度，谦虚和善的待人之道，而且，他对大道执着的寻求，以爱人之心调解、和谐社会人际关系的仁爱思想、人格力量，撑起了整个中华民族几千年文明、文化传统的大厦，并渗透到中国人生活习惯和思想感情之中，对中华民族产生了极其深厚的影响。

孔子思想的精髓，集华夏上古文化之大成，被誉为“天纵之圣”、“天之木铎”，世代相传，为人类提供了为人处世原则、价值取向、思维方式和丰富的精神财富。

他家乡的人，他的后嗣，也是一脉相承，言谈举止、思想意识无不打上深深的烙印。虽然在曲阜只逗留了两天，它却给我留下了颇深的印象。

这里古朴典雅，像一个古典美人端庄、秀美、素朴。行走在曲阜的大街小巷，没有大城市的灯火辉煌、灯红酒绿，没有浓妆艳抹的粉饰、矫揉造作的姿态。所有建筑都是古式建筑，棱檐翘壁，轻歌曼舞。看不到现代火柴盒式建筑以及高档的住宅小区。衣冠简朴中透出古风的淳朴，田园般的自然本色，仿佛回到远古时代。

这里是宁静安然的，像一个文静柔美的淑女。没有大城市的喧嚣、哄闹、浮躁，听不到汽笛喇叭震耳欲聋，看不到车水马龙拥挤不堪。无论走到哪里，心都是宁静的、祥和的，无忧无虑的。人们都悠悠闲闲地做着各自的事情，怡然自得。

这里是谦谦文明的圣人之地，像一个潇洒、倜傥、谦恭的君子，礼仪之风盛行。我们遇到的人，都是彬彬有礼，知书达理、温良恭俭。两天中，没有听到一句不文明的脏话，没有看到蛮横不讲理的吵闹。不像北方人，说话总要带个难听的“口头禅”，不堪入耳，污染别人，更污染自己，不以为耻，反而自以为是，毫无羞愧之感。百姓中流传一句话：孔圣人未到之地，人是野蛮的。

这里的人们是热情洋溢的，像热情好客的家庭主妇。所到之处，总能感受到“有朋自远方来，不亦乐乎”的盛情与友好。无论你走到哪里，做什么，都能遇到热情的问候，主动的搭讪，为你指路，介绍周围的情况。因为太热情，让人产生怀疑，甚至提防。这让我感到现代人的可悲、可怜和可笑。

热情本是一种美德，让现代人搞得本末倒置。天没黑，就要提防被抢劫。上楼梯总是提心吊胆，用警惕的目光环顾四周。邻居之间也互相防范。于是，更加怀念过去那种夜不闭户，路不拾遗的古朴淳风。

然而在曲阜，你会感受到久违的热情和依旧的古朴淳风。

当我下榻宾馆后，刚一出门，便有一位六十开外，人高马大，面孔和善的老者热情迎上来。我便向他打听哪里吃饭有地方特色，他不但详细介绍不同方位饭店的风味、价钱，并提出建议。当我一边走一边听时，他竟然送了我好远，一边讲，一边指点。我还以为他别有用心，心里便提防起来。

第二天，再出门时，遇到其他人也是同样的热情，我恍然大悟。这里是圣人之地，圣贤的故里，礼仪之邦。人们的热情文明是有渊源的，情理之中的，方知昨天的提防与小心是多余的了。在这里我们大可不必“以小人之心,度君子之腹”。

这里百姓的知识是渊博的,素质普遍较高。当我起了个大早,兴致勃勃要去游览时,一位中年男子,骑敞篷单车,迎上来主动搭讪。他不但要送我们过去,还毛遂自荐当导游,这正中我意。坐着人力车,漫漫欣赏古城的全貌,还有人解说,岂不两全其美?边观光,骑车人边娓娓道来:他说他是孔子直系后代,原来是专职导游,因超生一个孩子被“革职”。

谈起孔子的家事,他如数家珍,讲解非常详尽,表达能力也很强。看他的外表黑脸、粗布衣,像个农民。然而,一开口,却像个学者。知识丰富、系统,真不愧为孔子后裔。

几千年过去了,然而这里仍然继承和发扬了中华民族的传统美德,传承了至圣先师的思想精华。孔子的伟大思想在这里扎根、生长、开花、结果,渗透到古朴的民风中,溶化在一代代人的血液里,铭刻在他们的记忆中,使他们仍保持着古代文明的传统美德和风采。

千年曲阜,道德人家。美好的德行,良好的道德,让这座“圣人之城”名副其实,熠熠生辉,孔圣人在天之灵应该感到欣慰。

子在川上曰:逝者如斯夫。岁月流逝了,但这里的道德风尚没有流逝;时代变了,但,这里的传统文化、美德没有变。他们仍恪守中华民族拥有的道德准则,过一种宁静祥和的田园生活,返璞归真。这不正是人类苦苦奋斗的终极目标吗?

我去过很多古城,唯独对曲阜古城有种别样的感觉。也许是圣人之气的笼罩,抑或是传统文化的熏陶与传承。礼仪之邦,曾享誉海内外。然而,历史车轮滚滚向前,科技进步日新月异的今天,又有多少优秀文化被传承并发扬光大呢?

如今,人心不古,世风日下,文明礼仪、传统美德随着时间的推移也丢失的差不多了。为什么科技进步、改革开放要以丧失传统美德为代价?高尚的、文明的、正义的,为什么越来越不被推崇?丑恶的,假、冒、伪、劣的却越来越有市场,并像瘟疫一样蔓延?为什么人类在追求利润最大化的同时,就要以损人利己为前提,就一定要以破坏生态平衡为代价?这究竟是人类的一种进步,还是倒退?

温柔的魅力

2008年，外婆去世了，结束了她90年的人生旅程，永远地离开了我们。在我的记忆中，外婆像和煦的春风，驱走严冬的寒意，像明媚的阳光，温暖人心，像广阔无垠的天空，让人的胸怀豁达而宽广。

大学二年级，我与母亲、弟弟相约，回山东老家探亲。按当地习惯和血缘关系照理我们应和奶奶亲，然而我们姊妹却愿住在外婆家。喜欢住在外婆家，一个很大的原因就是外婆的魅力。

第一次见到外婆，她已是60多岁的老人。然而那双清澈明亮的大眼睛，就像清纯的少女一样，恰似一潭蔚蓝色的湖泊。虽然经过几十年农村生活的风吹日晒，脸色仍是桃花般粉红。三寸金莲似的小脚载着高高胖胖的身体，走起路来，一晃一摇。尤其是她的脸上总是挂着慈祥的微笑，心中充满喜乐。只要和她在一起，你就走进了快乐、祥和、豁达的氛围。

在农村，一个村庄的人亲戚套亲戚。一个大院子里，祖宗三代同堂的老习惯仍然沿用。大家朝夕相处，很容易产生矛盾。而外婆用温柔、包容、忍耐，与所有人和睦融洽，没有说她一个“不”字的。即使最难处的儿媳妇，也把她当成亲娘，她也从不把儿媳当外人，和亲姑娘一样对待，因此赢得了儿媳的心。到了晚年，当她不能生活自理时，儿子一个在关外打工，一个在当地做领导，忙于工作，没有时间照顾她，是两个儿媳侍候她多年，养老送终。

20世纪90年代初，外婆与二舅等人千里迢迢从山东老家来到东北的家。当时，她已是75岁的老人，然而她整天唱着、笑着，乐观与通达使她容光焕发。又大又圆的眼睛仍然清澈明亮，布满皱纹的脸上皮肤还是白里透红。

她每天唱着我听不太懂，却很动听的歌。唱一会儿，就为她的儿孙祈祷、祝福一会儿。当她祈祷唱诗时，眼睛发出奇异的光亮，脸上的表情是那么甜美、舒畅，使人感到无比亲切与温暖。

这是一种什么力量，让一个老人变成喜乐的源泉、赞美的管道，让欢乐流淌不息？她那发自肺腑的喜乐，是我们常人所没有的。这给我留下太深的印象，就像刻在脑子里一样。

每当我和弟弟放起音乐，她便拉着我们的手，和我们一起移动她那三寸金莲小脚。70多岁的老人，胖胖的身体，舞步竟然出乎意料地轻盈，我想那是她心中不熄的火焰在燃烧，是她对生活的热爱。

她说话总是温温柔柔的，从不伤人，不管别人对她怎样，她从不计较别人。即使别人伤害了她，她也顶多皱皱眉头，把不快埋在心底，绝不会反戈一击，火冒三丈为自己辩解。我问她："姥姥，你为何不反驳？"她说要以善胜恶。以善胜恶？真新鲜，但着实让我费解。别人对我不仁，我就对她不义，以血还血，以牙还牙。这是世上大多数人对待恶者的态度。外婆却以善胜恶，真是不简单。

几年以后，我才读懂了外婆。她的以善胜恶，就是大爱，用爱来温暖、感化恶者的心，把炭火堆在他们头上，就像火把冰融化，使恶者弃恶从善，改邪归正。

和她在一起的日子因快乐而短暂，几个月下来不觉时间长。人生没有不散的宴席。外婆回了山东老家。

她离开我家后，我心里怅然若失。她在我家时，每天都带给我欢喜快乐，下班时，有一种热切的盼望，快点儿见到她。她走后，似乎也带走了我的欢乐。她那种笑对人生，爱喜乐生命、待人宽容、善解人意、温柔谦卑的美好品质，让她成为我学习的楷模，外婆潜移默化地影响着我的人生态度，激励我也如此对待人生。

附 录

为生命高歌 让人生精彩

——访全国“第三届冰心散文奖”得主、女作家兰溪

赵德水

精神之美，是一种智慧之美、力量之美、信念之美、心灵之美，就像冰山上的雪莲，绝不降低生命的海拔，永远保鲜，芳香永存。精神之美是最美的风景，最美的圣殿，散发着生命的芳香，所以我要为生命高歌，让人生精彩。

——兰溪

篇首语

认识兰溪是个偶然的机会。2009 年年初我在《中国散文》上看到介绍兰溪新书《生命的芳香》出版信息，被兰溪的名字和书名吸引，便一个电话打到了大连。兰溪热情真诚，很快寄来了她的散文集《生命的芳香》。兰溪的散文如滚滚红尘中的一束幽兰、一泓清泉、一盏香茗，纯粹率真，清丽脱俗，如污泥中的荷花、沙漠中的绿洲、冰山上的雪莲。兰溪的名字如她的作品一样，散发着内在生命的芳香；她的人和她的名字一样，若兰之幽，若溪之澈。

兰溪在《生命的芳香》后记中写道：“以挚爱的心写作，以诚实的心做人。”她执着地倾力文学，是相信“人会老，天亦老，情永驻”，所以“为生命高歌，让人生精彩”成为她的座右铭。

访　谈

赵德水：兰溪，读过寄来的散文集《生命的芳香》，特别是你荣获全国“第三届冰心散文奖”的作品《妈妈的泪》，我觉得你的作品，从内容上展示了人生情操的精彩，从文字上给读者美感享受。在此首先请你谈一下获奖的感悟。

兰溪：2008 年，对我们国家来说是极不平凡的一年。对我个人而言，也是收获颇丰的一年。散文集《生命的芳香》正式出版发行，作品在诸多报纸杂志上发表，获奖的作品接二连三，尤其是散文《妈妈的泪》荣获全国“第三届冰心散文奖”，我的心充满了感恩。真诚感谢那些素不相识的专家评委，给我这个特殊的荣誉。原以为望尘莫及的梦想不经意间实现了。在辛勤耕耘的土地上，我嗅到了生命芳香，看到了花果满径，收获了累累硕果，体验了创造的欢乐，感受到精神的丰富，提升了生命的价值，领悟到人生的真谛。得奖意味着鼓舞与激励，鞭策我更应谦卑、更加努力向生活、向大师学习，向更高的起点迈进。

外柔内刚、温柔贤惠往往是形容女性美的惯用词语。我的散文《妈妈的泪》，从相反的一个角度，从细节入手，讴歌了一个外刚内柔；外表严肃、刚毅，内心慈爱、火热；把微笑留给别人，眼泪留给自己；把挚爱倾倒给别人，痛苦留给自己，牺牲个人的幸福，在痛苦中煎熬一生的有着高尚品格的坚强母亲，她有着平凡而伟大的心灵。

评论家对散文《妈妈的泪》是这样评价的：“兰溪的散文《妈妈的泪》，以深情动人的笔触，饱满炽热的情怀，讴歌了大善与大爱。文章写得非常动情，写得非常感人，有时把情感写得难分难解，有时把情感写得悲欢离合……”

赵德水：兰溪，从你的人生小传得知，你大学毕业后先后从事多项工作，又具有高级技术职称，待遇上也会比较优厚。但这仍不是你人生的全部，你酷爱文学，并达到了相当高的水准。我想问的是，你是怎样走上文学创作之路的？

兰溪：我从小酷爱文学，对文学的热爱与梦想始终如一。我对文学、音乐、舞蹈的爱好，很大一方面是深受母亲的熏陶和影响。自我懂事的那天起，母亲就开始给我讲许多美丽的传说、凄婉的故事，如梁山伯与祝英台、牛郎与织女、王贵与李香香等。那一幕幕爱情悲剧,生动感人的故事,在我幼小的心灵里播下了文学的种子。我的母亲,名副其实是我第一代家庭教师。她不仅教我如何做人,而且培养了我对文学的爱好。少年时代起,我便开始读四大名著。放假时,早晨起来第一件事就是读书。有一次,一边吃饭,一边看《红楼梦》,看到黛玉葬花时,眼泪止不住流了下来,饭也吃不成了,惹得全家都笑我痴。妈妈怜爱地说:傻孩子,书上写的都是虚构的,你可别当真。

14 岁那年,我的散文《十月礼赞》在全市中学生作文竞赛中名列前茅。在大学全校作文竞赛中,我的散文《芳草赞》名列榜首,我对文学的热爱与日俱增。大学图书馆为我阅读大量世界名著提供了丰富的资源。

我的中小学时代,正值"文革"期间,大部分的书都成了禁书,想看一本书变成一件奢侈的事儿。我想尽一切办法借书看,邻居家、同学家的书我都借了个遍。《青春之歌》、《林海雪原》、《迎春花》、《向阳花》这些被打成"黄书"的,即使破烂不堪、缺页少字的,我也都看了。手抄本《第二次握手》看了好几遍,这些书使我对文学产生了浓厚的兴趣。"文革"结束后,书被解禁了,我如饥似渴地阅读文学名著。那些伤痕文学也使我爱不释手。在文学的沃土里,我闻到了特有的芬芳,心灵得到文学雨露的浸润、滋养。

2007 年,我应邀参加中国作家协会召开的一个会议,受到很大触动。参加会议的许多作家成果卓著,影响深远,好作品精彩纷呈。有的老作家已白发苍苍,著作等身,仍勤奋耕耘,令我钦佩,催我勤奋。

2008 年荣获全国"第三届冰心散文奖",更增强了我的自信心,提升了我的精神境界。我有幸与贾平凹、王剑冰、雷抒雁、邓友梅、白桦等著名作家、冰心女儿交流,我被他们精彩的作品、人格魅力所折服、激励,此次交流更坚定了我走文学创作之路的信念,我对文学更加情有独钟、矢志不渝。

赵德水:兰溪,我在职时曾从事科研和新闻工作,本职业务很忙,文学爱好只是挤休息时间小打小闹,没有什么有影响的作品问世,只有退休后才集中精力和时间搞点儿自己喜欢的文学创作,陆续发表和出版了一些较有分量的作品。我想,你也是一名业余作家,能否谈谈你的业余文学创作?

兰溪：我毕业于东北财经大学，从事的也是经济工作。文学创作是我的业余爱好。大学毕业后，在政府机关从事研究工作，使我有机会经常深入工厂、农村、贫困山区搞调查研究，亲身经历、广泛体验生活。奔走于广袤的辽东大地，徜徉于美丽清新的自然怀抱，这些经历是我文学创作的源泉。我撰写了大量的调研报告和论文，达上百万字，多次在中央、省、市各类刊物上发表，获得各种大奖。调研报告曾获市政府“我为政府献计献策”奖励。主编了《中国知名商标通鉴》、《全国会计大赛三千题解》等书。论文《弘扬公仆精神，做好财政工作》荣获财政系统优秀论文一等奖，编录《公仆精神》一书。论文《坚持把发展生产力作为财政工作出发点》，发表于中国社会科学院《财贸经济资料》。《加强国有资产管理势在必行》、《贫困县脱贫致富之我见》等文章荣获辽宁省财政系统优秀论文一、二等奖。因工作业绩突出，年年被评为“先进工作者”，并荣获财政部驻辽宁省财政厅“优秀驻厂员”光荣称号。28 岁破格晋升为会计师，并作为辽宁省特约代表，出席了国务院召开的首次全国“国有资产管理工作会议”。

业余时间给大学讲课，桃李满园。做过电视台节目主持人，主持了首次全国会计法大赛、全国税法大赛分赛比赛。尤其是深入“儿童村”、孤儿院、贫困孤寡家庭，看望特殊儿童，孤寡老人，对我触动很大。多姿多彩、丰富的人生经历，使我对人生、对大自然，对亲情、爱情、友情，对爱、怜悯，有了深刻的感悟。我在撰写经济文章的同时还创作了一些文学作品，并经常在报纸、杂志上发表，反响较大。有一篇文章《站在讲台上》在报刊上发表后，不少朋友打来电话说写得很感人，并鼓励我出一本集子。我创作的热情高涨，有感而发、一气呵成，在短短半年的时间里，用业余时间完成了第一部散文集《枫林叶雨》。那时我只有二十几岁。

作为上班族，没有大块时间写作，只能利用业余时间来创作。有时夜半醒来，我便披衣而作。夜阑更深，心静如水，思绪丰富而奔涌，如滔滔江河。有时出差在外，无论是在候车室里，还是在餐厅里，只要一有灵感，我会立刻奋笔疾书，有时竟忘记了时间、地点，忘记了身在何处。就这样痴情，就这样激情澎湃。我把别人用来宴乐、洗桑拿、谈恋爱、看电视剧的时间都用来写作。近年来，多次到国内外观光旅游、寻梦朝圣。天地的大美，让我陶醉不已。我又激情满怀，挥洒不羁。利用业余时间,两年写了三部书60多万字,《枫林叶雨》、《生命的芳香》和《心灵的圣殿》相继出版,并成为畅销书。

走向生活,回归自然,纵横万里路,纵情山水间,为我创作提供了不尽的源泉。尤其是现实世界深度污染,我更渴望经常投入自然的怀抱,一敞自由之胸襟,让思绪在纯净的溪水里漫游,在花香满径的小路上徜徉。在精神萎缩的荒漠里,通过文学创作来寻找一片精神绿洲——生命的乐园,让清醇的甘泉滋润饥渴的心田。在文学边缘化、人心世俗化、精神沙漠化的今天,当别人在忙于研究如何更现实、快升迁、多发财时,我却固执地守护着文学创作这块美好的精神家园,并精心呵护着,不让它受到侵袭和污染,希望这片精神天地仍保持着纯真、纯洁与率真。

赵德水:兰溪,你现在金融系统工作,应该说是令人羡慕的工作。在文学边缘化的今天,为何执着于文学创作?

兰溪谈:从事文学创作,从另一个角度讲,的确是一种苦役,无形的苦役。劳心费神,心力交瘁。出书不但不赚钱,有时还要自己掏腰包。然而,不管别人怎样笑我痴,笑我傻,我对文学的爱好痴心不改,我对文学的选择无悔无怨。我的生活不能没有文学,我的生命中不能没有创作。

文学担负着拯救人类灵魂的使命。一个有良知的作家,是人类灵魂的工程师,担负着医治人精神疾病,讴歌真善美,呼吁正义与良知,鞭挞假丑恶,阻止人生沉沦,拯救堕落灵魂,凝聚民族精神的使命。鲁迅、巴金、冰心、巴尔扎克、托尔斯泰等,他们都是人类灵魂的导师。一个民族有无独特的精神支柱,是走向成败的决定性因素。只要人类存在,文学就是永恒。

在创作中,我对生命充分认知并深刻反思,体验心灵的丰富,灵魂得到净化,烦躁的心灵在创作的耕耘中趋于平静、安稳,捆绑的灵魂得以释放,得到自由。文学提升了我的精神境界,提高了我的审美意识。我希望在生活中发现美,为美丽而讴歌,让真善美得到弘扬。

文学使女人更美丽多姿,温文尔雅。女人因为文学而美丽,文学因女人而多彩。"腹有诗书气自华"。文学潜移默化改变一个人的气质、风度,使女人变得有品位、有底蕴。用"气质美如兰,才华馥比仙"来形容才貌双全的女子再恰如不过。林徽因、冰心、丁玲，她们都是才貌双全、秀外慧中的女性，令无数人为之倾倒。

在人心膨胀化，一切商品化的今天，更需要弘扬大爱与大善。说真话、说心里话，真实地把劳苦大众悲辛的一面反映出来，才能感动社会，使文学更好地为大众服务，为社会的发展和进步服务。这是每一个有良知和历史使命的作家应尽的责任。

敢于说真话，需要真正的勇气。真实的必然是自然的，自然的势必自由，在内容上体现为一种自在美，结构上追求一种自由美，在语言上讲究一种自然美。这是我的认识，我必然努力地去实践。

赵德水：兰溪，我感觉你是个写作的多面手，谈谈你为何对散文更为偏爱吧。

兰溪：散文最能表达一个作家内心真实的情感。真实的才是美好的。好的散文是精神独创性、情感震撼性、表现优美性的统一，是表现作者独特的心灵运动、生命体验、精神境界，探索、表现人类自身内在生命的璀璨、美丽、丰富，开拓深层的人性、抒写生命体验、展现心灵世界的异彩纷呈。散文是发现美、创造美、弘扬真善美的田园，是生命的绿洲，是生活海洋里美妙的音符和雪白的浪花，是物欲横流荒漠里灵魂的避难所。在这片精神家园里，作者可以自由地表达对生命本源的探讨，对处在灵魂深处人性的挖掘，对人类美好情感的渴望。升腾起思想的翅膀和理想的翅膀，在精神世界翱翔。这独到之处便是散文的灵魂，即独特的韵味、独到的思索、独至的性灵。

情是散文的艺术生命。不能以情动人，仅仅是语言优美、辞藻华丽，也不能说是一篇高水准的散文。“人格”的优美是内敛的、潜含的巨大魅力。散文是人品与文品的统一。它是一个人内在生命的高度诠释。以挚爱的心写作，以诚实的心做人，是我为人写作的宗旨。愿爱的阳光洒满每个人的心房，散发生命的芬芳。当有一天，宇宙都变样，我只企盼，善，永在世上！爱，永放光芒！

赵德水：兰溪，我阅读你的作品比较少，还缺乏总体上的了解和把握，那就请你评价一下自己散文作品的特征吧。

兰溪：用评论家对我作品的评价来概括就是“援笔成章，气贯虹霓”。这个“气”表现在“句句可人，兰溪的散文显露出来的是一种大气；字字照人，兰溪的散文彰显出来的是一种雅气；段段感人，兰溪的散文凸现出来的是一种情气”。

“走进兰溪的散文，瞬息之间你就找到了一个具体的审美对象。身边的事，心中的情，信手拈来，一挥而就，就是一篇上乘之作。读兰溪的散文，就意味着我们超越大文化散文的语言层面走进了一个审美的自由世界。走近兰溪这个人，瞬息之间你就会感觉到应该把兰溪也当作一种文本来读。兰溪充满激情，兰溪充满正义，兰溪充满爱心，兰溪充满朝气。这情这义这心这气，越发的深切，它们转化为对传统文化的追寻就显得越发深沉，生成的精神情结就越发地鼓舞人激励人。读兰溪的书，读兰溪这个人，你就会进入一种极为广阔的精神世界，你就会步入一种极为开阔的心灵空间，从而获得超越时空的自由天地，抵达历史本原的人性深度。”

大连海事大学出版社社长武元凯说：“兰溪的作品将心灵的丰富感受与身心的深刻体验完美结合，告诉人们为爱而活着，以善过生活。这是本书特有的精髓，也是贯穿全书的脊梁。作品展现出的文学美是如此深邃而高雅，带我们进入美与爱的深深怀抱。”

赵德水：从媒体得知，你的新书《心灵的圣殿》很畅销，在有些书店还进入畅销书排行榜。在散文被冷落的今天，这部书为何畅销？它的社会意义何在？

兰溪：目前很多人精神迷茫、心灵贫血，不知道该信什么，也不懂所信的真正意义。信仰多元，信仰混乱，在无知中人极易被愚弄，这很令人忧虑。《心灵的圣殿》一书，对一些人的精神失衡、信仰赤字有深刻思考，蕴含着深邃的智慧与启迪。但愿能使读者在纷繁、复杂、无奈、痛苦的生活中，得到一些心灵的安慰与净化，并因此提升精神境界，让流浪的心找到真正的故乡和归宿，呼唤心灵的回归，呼唤精神家园的重建，呼唤心灵圣殿的重塑。

本书与以往散文集的不同，是对人类犯罪的根源、人生的目的、意义等许多困扰人们心灵的问题，有着比较深刻的挖掘和认识。针对目前文化市场良莠不齐，一些书籍堂而皇之描写一些不健康的内容，网络上黄色内容迭起，垃圾文化和龌龊思想充斥文化市场，污染人的精神、毒害青少年的心灵这一严峻问题，作者用大篇幅的文字深入浅出、循循善诱，而后再一针见血地指出罪的后果和代价，劝导人们远离罪恶，走向光明。

中国作家协会书记处书记、中国作家出版集团党委书记张胜友为此书写了推荐语:“散文贵在真情表白,直抒胸臆,作家须敞开心扉,捧出灵魂。兰溪的散文写作,始终坚守至爱至善至美的求索。”

鲁迅文学院常务副院长、著名评论家白描推荐说:“兰溪的散文,纯真率直,清丽脱俗。如空谷幽兰,素洁高雅默默开放;如清纯执着之小溪,远离喧嚣与浮躁,深藏善良、圣洁的悲悯情怀。《心灵的圣殿》对人的关怀、生命意义和生活理想有着深邃思考,蕴含着睿智的光彩,让流浪的灵魂找到真正的归宿与故乡。”

著名作家王剑冰这样评价说:“兰溪的散文集之所以叫《心灵的圣殿》,是因为所有的文字都从心灵出发,所有的情感都有一个根基。大海的女子,自有辽阔与放达;兰溪的名字,独具纯净与安详。这或许就是这部散文集的意义。”

在此我借助几位名家的评语,谈了对《心灵的圣殿》一书的看法。这既是对我的肯定,也是鞭策。对我而言,文学之路还很漫长。

我会继续努力,写出更好的高质量的作品,为净化文化市场,净化人的心灵尽心尽力。

结束语

诸多名家评述过兰溪的散文作品,予以充分的肯定。“兰溪的作品将心灵的丰富感受与身心的深刻体验完美结合,告诉人们为爱而活着,以善过生活。”大连海事大学出版社社长武元凯先生这句评语说得准确而深刻,具有普遍意义,也是兰溪未来文学创作将继续用心把握的主要思路。

滚滚红尘中的一束幽兰

——兰溪散文集《心灵的圣殿》赏析

陈伟雄

知道兰溪这个名字是在书店里，打开她的散文集《心灵的圣殿》，便让我舍不得放下，而“兰溪”这个笔名更引起了我极大的兴趣。因为在我的老家衢江下游有一座叫兰溪的城市。唐朝诗人戴叔伦有“凉月如眉挂柳湾，越中山色镜中看。兰溪三日桃花雨，半夜鲤鱼来上滩”的诗句。那是个山清水秀的好地方。她的笔名和这个城市有关吗？是巧合还是有其他用意？带着这样的心情，我走近这位叫兰溪的山东籍东北女作家。

后来兰溪告诉我，取这个笔名与那座城市没有关系，而是另有深意。兰、溪两个字各有其多层含义。寓意幽谷之芳草，高山之清泉；兰之高雅，兰之清新，兰之善良，倾注了兰溪对兰花之美无比的热爱；溪之清澈，溪之纯净，溪之圣洁，倾注了兰溪对小溪之纯深厚的情感，对高雅圣洁情怀的追求。听后我恍然大悟，对兰溪这个女作家便产生了探寻与阅读的好奇。

《心灵的圣殿》是2009年大连出版社推出的兰溪的又一部散文力作。全书分为“冰冻纯真——心灵独语”、“花香满径——无尽的爱”、“空谷回音——纵情山水”三个部分，共二十余万字。该书之所以叫《心灵的圣殿》，因为所有的文字都是从心灵出发，力求回归人类的本原。

兰溪的散文纯净脱俗，以歌颂爱，追求真善美为主题，对唤回人类缺失的人性，探索人生的真谛有积极的意义。她的每一个字都是心底流淌的清泉，真挚而细腻，给人带来宁静和生命的安详，给受伤的灵魂带来抚慰。读她的作品，你会忘了城市的喧嚣、心灵的浮躁、冬天的寒冷，你的脉搏会随着她的文字一起跳动，感到那样温暖。

兰溪的爱极为广阔，在《心灵的圣殿》一书中，既有对亲情、友情的深情描述，也有对苦难者的同情与悲悯，更有对生活的热爱，对生命的积极追求。她对母亲的描写在众多文章中尤其感人至深，催人泪下。她的母亲是一位平凡的母亲，也是位伟大的母亲。为了孩子，她牺牲了自己一生的幸福，一个人默默忍受委屈，含辛茹苦把孩子培养成才。"夜色中，人群里，母亲那不太大的眼睛瞪得大大的、圆圆的，一眨不眨地望着我，好像要把我整个人都吸进眼睛里，就像天上闪烁的星光。但她没有掉一滴泪。后来，爸爸写信告诉我：你走后，妈妈一个人哭了好久。"（见《泪的芬芳》）"'文革'时期，社会上一度打架斗殴成风。我家住一楼，窗前就是人行道，人来人往，经常有些不三不四的人惹是生非。为了让我们安心学习，母亲坐在窗前守护着我们，不让任何人打扰我们。在我心中，母亲瘦小的身躯非常伟岸，她就是我们的保护神。"（见《断了翅膀的天使》）请问人世间还有什么样的爱比母爱更坚强伟大？作者通过细致的描述，为我们生动地刻画出一位母亲的善良、坚强和内心的高洁，唤起了读者对母爱这一人类永恒主题的共鸣。

兰溪对爱的追求，首先表现在对生命对生活的热爱。她爱好广泛，喜欢唱歌、跳舞、书法、旅游，热爱生活的这个世界。她的文章里无论是一草一木，还是微笑痛苦，无不表明一个成熟女性对生活的热爱之情。"你是那样高贵、圣洁，不拥挤、不喧闹，文文静静地开放，在孤独中绽放着美丽。我理解你，那是一种孤独之美。你与你的灵魂对话，每一次对话，都使你的灵魂得到净化与升华。"（见《风过庭兰》）"生活不能没有歌。没有歌，生活就失去了颜色。虽然生活的道路充满荆棘坎坷，我仍愿像小鸟一样，乘着歌声的翅膀，自由自在飞翔，不停地歌唱，歌唱！"（见《乘着歌声的翅膀》）在谈到她对文学的热爱与执着时，她写道："我固执地守护着美好的精神家园，并精心呵护，不让它受到狂风恶浪的侵袭和污染，使这片精神天地仍

保持着纯真、纯洁与率真。我坚守着我无悔的选择，自得其乐，知迷不返。”（见《无悔的选择》）

一个人如果不能正确看待生命存在的价值，他就无法体会到活着的真正意义，特别是在当今这个物资占主导的时代，很多人价值观混乱，精神空虚，灵魂麻木，对生活对人生失去信仰。兰溪的散文无疑是荒漠中的绿洲，黑夜里的灯光，唤醒人们沉睡的心灵。“迎接复活的春天，你的心灵苏醒了吗？如果你的心仍在沉睡，就感受不到春天的美好和蓬勃的生机。你的心要与春天一起苏醒复活，你心的土地要成为一片沃土，让优良的种子撒下，生根、开花、结果，并收获多姿多彩、丰富硕美的秋天。”（见《迎接复活的春天》）多优美的语言，多深刻的哲理！我忽然想起文学巨匠巴金先生曾说过：“文学能给人光热和希望，能让人变得更善良、更纯洁，对别人更有用。”兰溪的散文带给人的正是光热、力量、勇气和希望。

兰溪的爱是一种超脱自我的大爱。正可谓“天地有大美，人间有大爱”。在她的笔下，对受苦受难者、底层劳动人民无不充满同情和怜悯。2008 年，汶川大地震是中国人心中难以抹去的痛，多少无辜生灵在一刹那间消失了，孩子失去了妈妈，丈夫失去了妻子，神州处在泪雨中。面对倒在废墟下的灾区人民，兰溪彻夜未眠，饱含眼泪，深情写道：“除了爱，有什么能抚平这些失去父母的儿童心灵的创伤？有什么能安慰逝去的母亲在天之灵？没有。除了爱，什么都没有。”（见《安息吧，天堂中的母亲》）同时，她提出比家园重建更重要的是心灵的重建和修复，呼唤心灵的回归。“同在一个春天，相信爱是永恒的期待，是幸福的主宰，爱使心与心连接起来。大爱的阳光洒满悲伤的心灵，温暖并医治受伤的灵魂。”（见《同在一个春天》）

兰溪的爱更有对社会责任的担当和忧患意识。市场经济满足了人们对金钱的需求，却导致了精神贫乏、人情冷漠、道德沦丧。作为一个有良知的作家，兰溪对社会发出了最真挚的呐喊：“多少人的心灵在哭泣，多少人的心灵在饥渴地寻觅，需要拯救和安慰……”（见《高尚的灵魂》）兰溪相信有爱就有一切，爱可以拯救灵魂，爱可以唤醒良知，爱可以驱逐冷漠，使这个世界变得更加美好。她不仅这样说，也这样做了。多年来，兰溪不断接近那些贫困潦倒的人，去“儿童村”探望特殊儿童、失学儿童、孤寡老人，为他们带来爱与温暖。

爱情是一个美丽的字眼。爱是春天细雨缠绵的浪漫，是夏天石榴花开得热烈奔放，是秋天白桦林的诗意灿烂，是冬天白雪般纯洁美妙。在《心灵的圣殿》一书中，我也读到了兰溪的爱情。“在十月绵绵不断的阴雨中，你那件红衣外套，像盛开的红玫瑰，开在我心头，把那个阴霾凄冷的雨天，点缀得鲜亮而温馨、浪漫而多情。”（见《飘逝的红衣伞》）“我愿是你窗前盛开的白兰，让我在最美的时候与你相伴……日出时有我深情的祝福，日落时有我不尽的眷恋。”（见《共享生命的爱宴》）我想谁读了兰溪的文字，都会被她的柔情所感动。

兰溪才貌双全，兰心蕙质，既有北方人率真的个性，也有南方人的清秀典雅。她是恢复高考后他们那个地区第一个状元，是金融界的摇篮——东北财经大学的高材生。她有丰富的人生阅历，先后做过政府官员、大学教师、企业高管，当过电视台节目主持人，甚至出席过国务院会议，受到国务院副总理的接见。

她能歌善舞，能说会写，至今还在跳芭蕾。一个学经济，从事经济工作的人，却在文学领域结出丰硕成果，获得过全国“第三届冰心散文奖”。她的才华和气质吸引了众多追求者。可能太过于优秀，追求完美，使她错失机缘，至今还是空谷幽兰，一个人独自开放，不免让人心生遗憾。好在孤单痛苦时，兰溪有自己的调节方式，或写作，才思敏捷，挥洒不羁；或跳舞，美轮美奂、大汗淋漓；或劳动，打扫卫生、买菜做饭；或躺在沙发上听音乐，神思飞跃、慢慢睡去。有人爱时，花香鸟语，充满活力；痛苦时，宁静如镜，苦中反思。虽然错过了等待，但她依然对爱充满向往。“什么时候梦中的你，等待的你，能与我一起享受生命的爱宴，那将是上苍给我最大的祝福。希望我们是永远的知己，永恒的天鹅伴侣，心心相印，相濡以沫。”（见《共享生命的爱宴》）

失去的梦已不复存在，但一个人只要有一颗爱心，在春天来临的季节，终会找到属于自己的绿叶。我深深祝福她。

读完兰溪的作品，让我想起了安徒生笔下卖火柴的小女孩，冰心笔下的小橘灯。爱可以唤起力量，唤起新生，驱逐黑暗和罪恶，带来光明和美好。兰溪是为大爱大善高歌的人，这样的人不正是今天和谐社会的传播者吗？如果我们这个社会，大家都来播撒爱的种子，让它生根发芽，那么它一定会长成一个繁花似锦的春天。

罗兰的一句话至今没有过时，“在艺术中有性格的作品才算是美的”。兰溪的作品就是她情感的真实表白和写照。你接触她的文字会被她的仁慈所融化；你接触她的人会被她的人品所折服。我爱兰溪独特、纯净、温馨的文字。一个大海般的女子，读她千遍也不厌倦。

（陈伟雄，笔名文萧，高校教授，杭州作家、诗人，杭州市2009年度优秀作家。）

百草丰茂赏慧眼，万花吐芳悦明心

———兰溪散文的精神气质

王家莲

兰溪在散文园地里勤奋耕耘，播种收获，创作发表了数百篇散文作品，总体数量相当可观。这些散文新作，是她亲手浇开的文学之花，题材多样，风格迥异，从不同的社会角度、不同的艺术层面上刻画大千世界，描绘七彩人生，表现出散文作家独特的才华情思和对社会的人文关怀，同时也代表着中国散文创作成就的一个重要方向。自2003年出版了第一本散文集《枫林叶雨》，另外至今已出版散文集《生命的芳香》和《心灵的圣殿》，即将出版散文随笔集《回归伊甸园》。

文若其人，兰溪的散文，纯真率直，清丽脱俗。时而如空谷幽兰，素洁高雅静静开放；时而如清纯执着之小溪，远离喧嚣与浮躁，深藏善良、圣洁、悲悯情怀。读兰溪的散文，无论是“旧人旧事旧梦痕”，还是“风声雨声读书声”，都让读者感到文人的胸襟，学者的博识，书人的雅致和智者的冷静。而她数十年间跋涉不止的文化苦旅，更是令人动容，既有“断肠人在天涯”的无限感伤，也有“人迹板桥霜”的如缕清愁。兰溪的散文大体可以分为六大类：

一、积淀深厚的文化散文

中国传统文化积淀深厚，文化遗存和资源非常丰富，现当代的文化艺术，特别是民间艺术又出现了许多创新品种，这些新品种也成为散文作者创作的题材之一。古往今来的一些文化人物、文物古迹、民俗风情等都为热心的作者所关注、发掘、采写。

兰溪在这方面推出的作品很多，《俄罗斯寻梦》是其中的代表作。作者以浓厚、凝重、深情的笔调，史诗般地记录了俄罗斯之行的深刻感悟，将人文、历史、信仰、景物有机结合，大气婉约。用优美的文字、深情饱满的忧患意识、悲天悯人的怜悯情怀，揭示了俄罗斯这个民族大悲大喜的心路历程，以及其顽强的生命力和不屈不挠的精神。《忧郁而明亮》一文中她写道："广袤无垠的领土，塑造了这个民族豪放、大气、胸怀宽广的性格；漫长寒冷的冬季培养了这个民族顽强的意志，坚韧不拔的毅力；东西方两股力量的影响、相互角力，塑造了它对东西方文化两种渊源的传承；对上帝的信仰崇敬，塑造了它的灵魂和精神。""流放到西伯利亚的政治家是忧郁的，明亮而悲壮。他们把高贵与光荣，爱情与信仰写在冰天雪地上，苍茫大地为他们的壮举作了最好的诠释。"

而对于澳洲那片伊甸园般净土的描绘，读罢，如品好茶，淡苦却回味悠长，带给人的则是宁静、抚慰与馨香。对于俄罗斯风情的描述，则文词绮丽俊雅，意境深幽，隽永细腻。

《心灵的圣殿》出版以后，很快在国内外产生良好反响。影响较大的作品有《风过庭兰》、《迎接复活的春天》、《冰冻纯真》、《山海情怀》、《叶卡捷琳娜二世的魅力》、《八千里路云和月》、《小楼昨夜又东风》等。她用艺术形式再现了由"风雅的年代里走来"，向"更风雅的年代走去"的精神形象，完成了圣城风情的审美化再现。作者以翔实的史料、轻灵的文笔、机趣的评判、深刻的反思，让读者读到了她文笔的风雅，思想的深邃，同时也在这种风雅里让读者看到了一代代人为传承优秀文化、树立崇高的信仰所付出的艰辛及代价。

二、神奇绝妙的游记散文

游记散文是文人雅士最喜爱写的散文品种之一。在游记散文中，作者钟情自然，纵情山水，希望通过散文的欣赏和写作，在充满污染的大千世界中为自己也为读者营造一块心灵的绿草地。作者对扑怀入心的种种景物,无不倾注才情,细细品味,力求搜寻其亮点乃至神奇绝妙之处,发现常人所难见、难闻、难述的形态神韵,让那些深切地感染或震撼了自己的真景真美真情,形诸文字,回赠读者。《俄罗斯寻梦朝圣》系列篇言新义精,大气磅礴,效应颇佳;《沙仑的玫瑰》、《漫步情人港》、《小园香径独徘徊》、《圣境加利利海》等耐人寻味、优美抒情。"沙仑的玫瑰,它是不屈的灵魂挣扎出的一个梦,是不息的渴望燃起的一团火。在烈日中灿烂,在沙尘暴中歌唱,同狂风比试着力量。"(见《沙仑的玫瑰》)"情人港的夜晚热闹非凡,充满浪漫的气息和迷人的魅力。悉尼歌剧院,像莲花般洁白美丽,绽放在情人港身边,它是情人港天然真实、美丽无比的舞台背景。皎洁的月亮和星星是天然的照明灯,把情人港这个天然的舞台照得温暖明亮。各种霓虹灯光倒映在水里,璀璨、绚丽、扑朔迷离。阵阵的涛声是大自然最美的音乐。它伴着清风朗月、椰风海韵,伴着雪白的浪花,演奏着迷人华丽的乐章,为情人港的情侣们献上一台浑然天成、自然流畅的颂歌和交响乐。"(见《漫步情人港》)虽然写的仅仅是旅游见闻和生活浪花,但所表现的思想、心理、语言却十分大气,底蕴充足。兰溪的旅游散文,行文如水,娓娓道来,精练隽永,风景阑珊,荒村客路,斜阳无主,烟柳拂岸,暮云牵情,让读者感同身受"江山如此多娇",如同身临其境,正应了"文章本天成,妙手偶得之"的佳话。

三、独特新奇的世情散文

写人生况味,写小我、家庭圈内外的人情世故,写生活的浪花和对生活的感受和理解,把生活与散文艺术融为一体,这便是世情散文,或者叫生活散文。

多数女作家的散文倾向于写人生世情的,兰溪的世情散文独到之处在于她善于斟酌世人眼中有笔下无的新奇颖悟境界。兰溪文笔清丽、激情澎湃、热情四溢,读起来有种痛快淋漓、热情奔放的感觉;对爱情、友情、亲情等人生思考,有着独到的感悟,洋溢着生命的活力,流淌着清纯的欢歌。从中读者会找到同样的渴望、同样的感受、同样的欢乐,找回曾经拥有而又失去的青春、理想、爱情……在精神流失的沙漠里,读者会发现这一方生命的绿洲里有一股清泉在流淌,使干涸的心田得到清凉的滋润和慰藉。“最美的花开在最高的山冈，雪莲不会降低生命的海拔，我想你的生命之春一定别有一番热烈和浓郁……把她冰冻，不让世俗的尘埃与现实的浊水将她污染，让她永远有一颗圣洁的心，这是极其宝贵的。在物欲横流、私欲膨胀的今天，一颗圣洁纯真的心是生命中最美丽的珍珠、最璀璨的钻石，是冰山上的雪莲，是污泥中的荷花，是寒冬中怒放的红梅。”（见《冰冻纯真》）

作者不是学文学的，也不从事与文学有关的工作，这使她的文章没有清规戒律的教条，也无繁文缛节的羁绊。无任何企图的、原创的风格无拘无束，尽情抒发着心底的畅快，挥洒着本源的诗篇，激情着生命的渴望……

在散文集《生命的芳香》、《枫林叶雨》中，作者对生命意义和生活理想有着深邃思考，蕴含着睿智的光彩，让流浪的灵魂找到真正的归宿与故乡。如《大海　港湾　浪花》、《梦幻芭蕾》、《人生难得是欢聚》、《共享生命的爱宴》、《桂树　桂花　贵人》、《童心依旧》、《风过庭兰》等作品，写得比较轻盈、纤巧、柔美，长于抒发感悟，倾诉心灵，描写生活中细致入微的情节，对生活的观察和感受独特新奇，情思意向敏锐颖悟，在轻松的阅读之中读者就可以得到生活的启示和心灵的慰藉。“兰，你却是与众不同。你深知，没有你的凋落，就没有新绿的诞生。你主动地离去，在你最美的时刻，绝不是无可奈何。你勇敢地离去，正是为了绿叶的新生，你的可贵精神令人赞叹，你的美丽虽然是短暂的，你的芬芳却是永存的……曾经开过，便知道自己是自己的佳节……独享孤独，兰香暗送。即使没有知音，也自发芬芳；即使被人踩，也要给那些人留下一脚芬芳。”（见《风过庭兰》）“我爱芭蕾，因为她是那样优美、高雅、迷人、超凡脱俗。她是一首无字的歌，她是一首清纯的诗，它用足尖弹奏出轻盈的韵律，表现美的本质，表达生命的渴望。健康又美丽是女人的梦想，芭蕾是最好的圆梦方式。”（见《梦幻芭蕾》）

兰溪的世情散文，文字淡雅内倾，激荡的心路历程泛起的是岁月酿造的醇和老酒，伴着豁达，掺着创见，和着绵绵的柔情，时而如涓涓细流，时而如大河奔流，博学庞杂，入耳听似极淡，回味却是老辣。

四、独抒己见的社会散文

社会散文是指面向生活现实，严肃地反映和点评社会上的某些负面问题，或者借对客观事物的描述，着意揭示蕴含其中的人生哲理，给社会以警示，给读者以启迪。兰溪是这类散文的倡导者，尤其是近几年来，她更注意写散文与大社会接轨，注重社会责任和思辨性，往往带着冷僻的甚至批判的眼光解读现实，匡正时弊，引导和促进社会的文明发展，人们精神境界的提升，自觉地履行着一个作家的社会使命。

在《心灵的圣殿》一书中，作者以净化心灵、救赎灵魂、弘扬大爱与大善为己任，以提升民族精神、净化文化市场为使命，以人类生存和理想、关爱生命与家园为内容，对中国人的精神失衡、信仰赤字、生活理想有着高屋建瓴的深刻思考，蕴含着深邃的智慧与启迪。“真正的圣殿不是有形的殿宇，是内心的丰富、美好、平安与快乐。一个有爱、有信、有望，用生命呼唤和平，争取自由、民主、博爱，对自然、环境、地球充满挚爱的人，她的心灵就是圣殿；一个无爱、无信、无望的人，即使踏遍青山参拜，整天坐在教堂里，她的心中也无圣殿。一个人内心的美、精神的美，那才是最美的风景、最美的圣殿。”（见《心灵的圣殿》）中国作家协会书记处书记、中国作家出版集团党委书记张胜友说：“兰溪的散文写作，始终坚守至爱至善至美的求索。”《信仰的力量》、《睁开心灵的眼睛》、《苏醒，沉睡的美人》等作品，独抒己见，致力于社会意义的发掘，在散文中立言发论，或具政论性，或具杂文味，弘扬了散文阳刚之气的一面。独抒己见，沉稳内敛，是用心酝酿的精神大餐，貌似微不足道，实则蕴含天地乾坤。

五、辩理求真的科教散文

用散文的形式反映科教领域中的现象，寓宣传教育、赞扬批判于艺术审美之中，这是科教散文的特点。兰溪散文集《枫林叶雨》其中较多的篇幅是取材于她从事教育生涯的教育随笔，如《我的讲台生涯》、《永恒的春天》、《为孩子祈祷》、《为了一颗破碎的心》、《我拿什么奉献给你》等，展示自己的灵魂，表达自己不同流俗、辩理求真的见解。她写作的散文随笔无意于图解和粉饰教育，而是着重于用审视、质疑、思辨和批判的眼光，挑战教育领域中似是而非的现象，张扬的是一种平民意识、真理意识和严肃的历史责任感。在当今教育界一片歌功颂德的氛围中，兰溪敢于白纸黑字地唱唱反调，说点儿真话，这不仅是对自我的一种超越，也是对教育时风的一种超越。

读兰溪的作品，常被她充满人性关怀、对弱者的怜悯所感动。兰溪心地善良，充满爱心。在她的散文《悲悯与抚慰》、《祈祷与拯救》、《安息吧，天堂中的母亲》、《爱在海边》、《慈悲天使》等作品中，无不彰显了她充满挚爱的悲悯情怀，这在物欲横流、人心浮躁的今天是十分可贵的品质。“一个内心高贵，精神世界灿烂澄明的人，是执着追求真善美的人。不求大富大贵，不求美艳虚浮，只求拥有一份淡淡清香的优雅、宁静、怡然。一种内在的历练、温婉、安适、喜乐；一种超然，不为世俗所左右。平静与朴素，从容与慈爱，成为生命表情和姿态，成为从内心弥漫开的生命运动、生命体验、精神素质。体验世界的丰富、灵魂的超越和自由。这种内外的一致，才是博大高远，甚至伟大的生命、高贵的灵魂。像山一样坚定而执着，像小溪一样温柔而圣洁。”（见《生命的芳香》）

六、弥足珍贵的乡土散文

乡土散文是作者对养育过自己的家乡的热爱、感恩和表现，倾注了作者的思乡情结，社会价值和文学价值双赢。

作者曾在20世纪80年代回到故乡鲁南微山湖畔，在那里度过了一段难忘的烂漫的时光。故乡的沟河池塘、稻麦瓜豆、耕牛水车、老宅土灶，故乡的山、故乡的水、故乡的亲人，给了她太多的熏陶和感受，铸成了她太深太重、永难割舍的故土情结，这也成为她后来创作乡土散文的源头活水。那些在作家心灵上留下深深烙印的各种类型的事物人物、劳动场面、社风民俗，组合起来看，简直是齐鲁农村的巨幅历史画卷。“大姑见完，见二姑。二姑同样没说话就开始哭，然后是姨妈们轮流哭……我简直要被她们的眼泪淹没了。我知道这是喜悦的泪，久别重逢的泪。这泪凝聚了太多太厚的亲情，汇聚起来，将是一条奔腾的小河，在我们游子心中流淌、流淌，永不干涸。永远剪不断的亲情，永远割舍不断的乡愁，在我心中成为隐隐的痛，永远的牵挂，永恒的思念。正是：寂寞乡关何处是，烟波江上使人愁。在外乡漂泊多年，很少体会到亲情乡情是如此山高水长，如此感人至深。”（见《寂寞乡关何

处是》)

在许多篇幅中,兰溪把对母亲的思念、讴歌和爱表达得淋漓尽致。“母亲的心和夜晚的灯,已永远铭刻在我心里,闪耀着长明不熄的光辉,照亮我孤单的心灵。无论走到哪里,母亲的心和夜晚的灯,就像长长的风筝线,牵着我的心。无论我飞多远,多高,都走不出母亲长长的视线。大爱无边,大爱无疆,无论我们走到哪里,都走不出母亲的大爱!”

以写散文见长的兰溪,与其他的乡土散文作家风格迥异。兰溪纪实,突出个“真”字;她又务虚,突出一个“美”字,《浓浓的乡情》、《寂寞乡关何处是》、《妈妈的泪》、《温柔的魅力》、《八千里路云和月》、《断了翅膀的天使》等点明了梦萦故土、魂系家乡的创作动因。她把故园、故国和母亲联系在一起,倾情讴歌和赞美。故乡的月,故乡的雨,故乡的耕牛、石桥、芦苇、水车、水井、槐树以至人物,都被表现得那么富有情韵,富有美感,富有新内涵和时代感。寥寥几句,写尽沧桑。她笔下的旧事旧物如同串起一粒粒遗失在岁月长河的明珠,有时看似平常不足道,字里行间却暗含天机。

“百草丰茂赏慧眼,万花吐芳悦明心。”用这两句诗评价兰溪散文创作成果是恰如其分、恰到好处的。愿“百草”更丰茂,“万花”更芬芳,愿在未来的日子里兰溪能为散文百花园增添更多的丽景亮色!

(王家莲,英文硕士,大连职业技术学院教师。)

品读兰溪

王 彤

或许离兰溪太近，了解太多，一时竟不知从哪里入手来写兰溪；抑或担心自己言语的贫乏，不能够写好兰溪，故迟迟没有动笔。眼见着春花落尽，怕是再不动笔夏花也要笑我了。夏花的笑会是姹紫嫣红的吗？兰溪必会说是蜂舞蝶绕。兰溪的回答总会令我眼前一亮。于这曾被称作文化沙漠之城，于这喧嚣浮躁的人群，遇到兰溪这个善良、聪慧、谦卑又雅致的女子，自然叫我心生欢喜。

与兰溪聊天，轻松惬意，自然有趣。无论从哪一个角度去欣赏，兰溪都是真实可爱的、清新纯洁的，且每一个角度都会折射出可贵的人性的光辉，却又不叫这光刺伤众人的眼。

微笑是兰溪典型的表情符号，她笑得自然，笑得真诚，如邻家女子般亲和温暖，只要你经过她的身边，她都会为你的驻足而微笑，连孤寡老人、孤儿、自闭症的孩子们都喜欢她。

兰溪才华出众，服务于金融业，却独居雅室，自喻幽兰。她摒弃喧嚣，远离尘俗，却热爱生命，悲悯大众。她的精神独与天地往来，常感叹人生无常，却又笑靥如花，纯真得像个孩子，充满着喜乐与盼望。当你刚把她看作孩童，她又谈古论今，博学多才。我以为，若不是圣灵常驻，会晤灵明，所得上天赐予的智慧，兰溪怎会有这般灵动之举？

居幽调素琴，
骋怀吟古道。
兰室雅轩，
点点星光曜。
月过轩窗蝶影斜，
忽闻幽兰调。

“兰室雅轩”是兰溪的宅号，她用这个雅号丈量着内心与尘世的距离，明智得如“陆沉者”一样地生活着。兰溪的内心是沉静的，闲暇时读书，感悟时写作，灵动时舞蹈，孤寂时唱歌，这些几乎是她工作之余的全部生活。当然，舞蹈和音乐是兰溪生活的主旋律，她钟情于芭蕾，常常梦想着自己似被施了魔法的奥杰塔公主，徜徉于天鹅湖畔，旋转着洁白的羽裙，任凭湖面荡漾出优美的涟漪。她甚爱唱歌，且有着百灵一般的音质，夜莺一样的歌喉，她是圣诗班的主唱。我是听过兰溪唱歌的，印象最深的是那首《耶和华是爱》，她微闭着双眼，心神专注地浅浅唱来，我分明看见她脸颊上挂着泪花，那歌长了翅膀似的经心底一路飞向天际，其音色优美极具感染力，听得满座泪眼婆娑。至今，“安息在青草地、溪水边”的余音未了，仿佛仍绕天际袅袅不去。

兰溪好读书且只读好书，她自认唯一的财富便是书房里那些读不完的书，她常常读它们到月过轩窗而不倦。写作则是兰溪生命的真实写照，她有着一颗至真、至善、至美的心，她有着坚定的信仰，她要为人世间广播仁爱的种子。仁爱，给了兰溪一双透明的翅膀，一腔悲悯的情怀和一个蓝色的梦想。仰望天宇，她嗅到了《生命的芳香》，俯察内心，她修筑起《心灵的圣殿》，在这一俯一仰之间，兰溪得到了精神上的依归，这依归之处便是神子们的故乡——伊甸园。这个园子，在兰溪的眼中定是自由的、善美的，好似春雨过后蔚蓝空中一片圣洁的云。当她把悲悯的情怀和灵性的修为镌刻于园中每一个角落时，我看见，月光照亮了古老圣殿的十字穹顶。

（王彤，拥有自己的企业；爱好文学却只当闲暇娱乐；喜欢交友，乐于助人；更愿独处，遥望星河，神思飞跃……）

把心灵交给纯净

——访《中国作家》杂志签约作家兰溪

雅　男

兰溪，亦如她的名字，似空谷幽兰，静静开放在山谷，清香高雅洁白如雪；像奔流执着的小溪，远离喧嚣与浮躁，却深藏着善良、圣洁、悲悯情怀。

今年年初，兰溪的第三本文集《心灵的圣殿》，以净化心灵、弘扬真善美、讴歌仁爱情怀为主旨，刚上市便受到读者追捧，高居新华书店畅销书榜首。

写作是兰溪业余生活的一部分，而她的主业是金融。大学毕业后一直从事经济工作的她，因文采出众，被公认为行业内多才多艺的才女：当过大学老师、电视台节目主持人，能歌善舞、会跳芭蕾，对文学更是情有独钟。凭借纯真率直、清丽脱俗的文字功底，兰溪如今是《中国作家》杂志签约作家，中国散文学会会员，并一举夺得散文界的最高奖项、全国“第三届冰心散文奖”的桂冠。2010 年她的个人词条及照片入编《中国散文家大辞典》，散文《圣洁白玉兰》入选《中国散文家代表作集》。散文《风过庭兰》喜获中国散文学会“2010 年全国散文作家征文大赛”一等奖，入选《全国散文作家精品集》。

毕业于东北财经大学财政金融专业的兰溪，受母亲的熏陶，自幼热爱文学，12 岁时便研读《红楼梦》等名著。随着阅历的加深，对生活的广泛体验，兰溪开始用文字表达对生活的感悟，对理想和真理的探求。目前，她已出版散文集《枫林叶雨》、

《生命的芳香》和《心灵的圣殿》。评论家用污泥中的白莲、沙漠中的绿洲、冰山上的雪莲来评价她的散文："兰溪的散文写作，始终坚守至爱至善至美的求索。"

"读兰溪的作品，你会被她精神上的无尘、心灵的丰富与美好，良好深厚的文化修养，云淡风轻的心境而深深感染，心灵得到净化与洗涤，精神得到提升与慰藉。作者将心灵的丰富感受与身心的深刻体验完美结合，告诉人们为爱而活着，以善过生活。作品展现出的文学美是如此深邃而高雅，带我们进入美与爱的深深怀抱。"

读兰溪的书，常被她充满人性关怀、对弱者的怜悯所感动。兰溪充满悲悯，兰溪充满爱心。在她的散文中，处处彰显着作者充满挚爱，充满悲悯的情怀，这在物欲横流、人心浮躁的今天是十分可贵的品质。

"读万卷书不如行万里路"，兰溪每年都要抽出时间去很多地方，到国内外采风。如到"儿童村"关爱特殊儿童，探望孤寡老人等，亲身体验感悟生活的爱与被爱，用心灵感受底层劳动人民的悲欢。"真挚的文章必须有真挚的感情作为积淀"是兰溪一直告诫自己的话。

《回归伊甸园》是兰溪推出的新文集，内容涵盖了她在以色列、澳洲旅行时的感悟。为了追根溯源、正本清源，兰溪走遍加利利海、约旦河。在战火纷飞的以色列，兰溪走进当地人家，和他们促膝长谈，了解中东战争对他们的影响。当她看到孩子们面对战争仍然质朴微笑并露出友善脸庞的时候；在耶路撒冷的橄榄山上，看到来自世界各地的自愿者，在祷告院中，为世界和平祈祷的时候，兰溪被深深触动了。"我想通过自己的文字，在纷乱的世俗中，求得一份纯净，为净化文化市场，呼唤人们回归精神家园，呼唤重塑心灵的圣殿，呼唤彼此相爱，奉献自己的心志。"兰溪有感而发。

正如此，因为写作，兰溪不仅让自己的心灵得到净化，而且潜移默化地影响了更多的人。她用诗一样的语言说："我愿做一束光，照亮周围小地方。我愿是幽谷盛开的白兰，把心灵交给纯净，享受一种清新淡然。"

（雅男，大型杂志《主流》媒体的记者。）

读好书，照亮人生之路

兰　溪

书的海洋浩如烟海，读什么书，对一个人的人格影响很大。好书是鸟儿的翅膀，好书是生活的阳光。用一句话概括读书心得："读好书，使人明智，心灵丰富，照亮人生之路。"好书是人类智慧的结晶，好书是人类进步的阶梯。读好书提升一个人、一个民族的素质和文化水平。而文化、精神决定一个民族的高度与文明程度。一个民族的先进文化，是一个国家重新崛起的精神支柱和基础力量，是一个人的生命血液和心脏。

腹有诗书气自华，坐拥书城铸内秀。多年的阅读，潜移默化影响着我的修养和气质。使我的精神境界不断提升，心胸更加豁达。而且使我从一个读书人，变成一个业余作者。目前已出版散文集《枫林叶雨》、《生命的芳香》、《心灵的圣殿》以及经济著作共七部。散文集《回归伊甸园》即将出版。名家评价说：兰溪的散文至真、至善、至美、至纯，如空谷幽兰、一泓清泉，为读者朋友干渴疲惫的心灵送去一丝清凉的慰藉，如同春雨降下，滋润干涸的大地。

对我影响最大的书是《简・爱》。作者夏洛蒂・勃朗特是牧师的女儿。她塑造的简・爱形象，是不卑不亢、自尊自爱、勇敢追求真爱且忠贞不渝的女性典范。在穷与富之间、爱与不爱之间选择，很少有人会像简・爱这样，为爱情为人格抛弃所有，义无反顾。《简·爱》所展现给我们的是一种返璞归真，是一种追求全心付出不计得失的感情，犹如清澈的溪水，净化每一个读者的心灵。简·爱有一句话刻在我的心版上。“虽然我穷不好看，但我们的精神是同等的，正如同你我都将穿过坟墓，站在上帝面前。”简·爱对纯洁感情执着的追求对我影响很大。记得在大学，有个男生让别人来找我，并说他父亲是某某官员，我有些反感，毫不犹豫地拒绝了他。我说：“别拿老子的地位来与我谈感情……”可见简·爱对我人格影响之深刻。

我是学经济的，平时除阅读专业书籍外，还涉猎文学、历史、心理学、养生等方面的书，偏好文学中的传记、散文、小说等方面的书。

最近在读《塔木德》。该书是犹太人精神的指引、行动的指南和百科全书。汇编前后花了近十个世纪，融汇了两千多位犹太先哲的智慧与思想。它在犹太史上的地位十分重要，是所有犹太人生活的导航图，是整个犹太民族的智慧宝库。因此，阅读和了解这本传世经典，对于我们认识犹太文明是十分重要的，我们不仅能够从中领略四千多年犹太文明的博大精深，更重要的是从中获得启迪，给自己的生活带来教益。

如果被发配到荒岛，兰溪认为要带去精神指引、生存方法和逃难方法的书籍。读书的意义是帮助自己树立坚定的信心与盼望，不但要顽强地生存下来，而且要发现岛上美丽、独特之处，并找到逃离方法。

荒岛书单：

1.《百年孤独》是加西亚·马尔克斯的代表作，被誉为再现拉丁美洲历史社会图景的鸿篇巨制。作者根据拉丁美洲血淋淋的历史事实，凭借自己丰富的想象，描绘出神话般奇妙的世界：从小镇马贡多的建立、发展直到毁灭的百年历程中，活灵活现地反映了拉丁美洲百年的兴衰。

2.《塔木德》是犹太教的基本法典，流传三千多年的羊皮卷是仅次于《圣经》的典籍，是犹太教继《旧约》之后最重要的一部经典。这本书结构庞杂，卷帙浩繁，内容包罗万象。犹太先哲为了保持犹太民族文化和精神的独立性，坚持不懈地向民众宣讲、阐释《旧约》，这些宣讲的内容汇编成书后就形成了现在的《塔木德》。《塔木德》保护着犹太人，使他们继续生存发展，不仅免遭亡族的厄运，而且凭着智慧登上了“世界第一商人”的宝座。

3.《克雷洛夫预言》本书收集了克雷洛夫一生创作的205篇诗体寓言,共9卷。其中蕴含着他自己以及从父辈们几代人传下来的全部生活智慧和实践经验,具有浓厚的生活气息。针砭时弊、寓意深刻、简约流畅、戏剧性强,反映广泛的社会生活,启发读者,批判丑恶的现实,具有一种特殊的感染力。

4.《唐·吉诃德》是著名作家塞万提斯的代表作,一部讽刺骑士的小说。小说把对社会各阶层的描写同对社会现实的描绘结合起来,逼真地再现出贵族绅士的专横跋扈和普通百姓的辛酸苦辣。以如此宽广动人的画面来反映时代、反映现实,可以说是塞万提斯之首创,它给予近现代小说的发展以深刻的影响。

5.丹尼尔·笛福的《鲁滨孙漂流记》。书中记述了主人公鲁滨孙在一次航海中不幸遭到了暴风雨的袭击,漂到了一个没有人烟的孤岛上,凭着自己的智慧和勇气,克服了无数的困难,把自己的生命延续下去,并且找到了许多生活的乐趣,得到了获救的机会……这本书,让我的心灵受到强烈的震撼。只要我们像鲁滨孙一样,在困境面前毫不退缩,不畏艰难,拥有绝境中求生的信念,就没有克服不了的困难。

6.夏洛蒂·勃朗特的《简·爱》是一部带有自传色彩的长篇小说,它阐释了这样一个主题:人的价值=尊严+爱。讴歌了富有激情、幻想、反抗和坚持不懈的精神;对人间自由幸福的渴望和对更高精神境界的追求。抒发了一个平凡心灵的坦诚倾诉和呼号,一个小写的人成为一个大写的人的渴望。

7.李汝珍的《镜花缘》是一部继《红楼梦》之后的优秀长篇小说。具有浓厚神话色彩,浪漫幻想迷离。描写唐朝武则天时代,秀才唐敖科举落第,出游海外,历观海外诸国奇人奇事。该书想象驰骋、充满幻想,批评讽刺社会的黑暗面,读后深受启迪,甚具社会及教育价值。

8.柯南·道尔的《福尔摩斯探案集》结构严谨,环环紧扣,故事情节惊险离奇,被推理迷们称为“推理小说中的《圣经》”,是每一个推理迷必备的案头书籍。诞生一百多年来,福尔摩斯打遍天下无敌手,成为人们心中神探的代名词,福尔摩斯仿佛真的成为了生活在我们身边的有血有肉的活人。

9.拉伯雷的《巨人传》,包括5卷。这位欧洲文艺复兴时期著名的人文主义作家,运用夸张描写手法,突出巨人的高大与能力。巨人出游世界各地寻找神瓶,旅途中遇到无数骇人听闻的奇事,引人入胜。读后扩大人生视野和阅历。

10. 托尔斯泰的长篇小说《复活》是托尔斯泰晚年的代表作。小说表现主题——精神觉醒和离家出走;展示从城市到农村的社会阴暗面,对政府、法庭、监狱、土地私有制和资本主义制度作了深刻的批判。作品的后部分,突出了不以暴力抗恶和自我修身的说教。托尔斯泰的力量在这里得到最集中鲜明的表现。

(本文受记者之约而写,发表于大连《新商报》2010 年 11 月 7 日《荒岛书单》栏目)

那片神奇的土地忧伤而明亮

——为纪念中国改革开放30年而作

兰 溪

20世纪70年代末80年代初,党的十一届三中全会的春风吹遍中国大地。解放思想、实事求是的优良传统和作风得到发扬倡导。各项文艺政策的落实,大大促进了文艺的繁荣。文学创作迎来了百花齐放、百家争鸣的春天,文坛一派欣欣向荣的新气象。大量文学作品如雨后春笋般涌现。以“伤痕文学”为代表的文学作品争奇斗艳;舒婷、北岛的朦胧诗风靡一时;汪国真的抒情诗让许多青年爱不释手;徐迟、王蒙、邓友梅的报告文学震撼心灵,在读者中引起强烈反响……

酷爱文学的我,在经历了阅读贫乏、心灵干渴的年代后,从思想禁锢的囚笼中被释放出来,如饥似渴大量阅读,仿佛在茫茫荒原中找到了甘泉。

那时的“伤痕文学”作品很多,《天云山传奇》、《生活之路》、《人啊人》等无不给我留下深刻的印象。在众多的“伤痕文学”中,著名作家梁晓声的小说与众不同,独树一帜,让我情有独钟。他的作品,虽然写的也是悲剧,却忧郁而明亮,悲壮而雄浑,悲剧中给人向上的力量,含泪中带着不屈的微笑。

他的“知青小说”一反以往某些同类作品凄切、悲怆的格调,肯定知青的人生追求和劳动创业的价值,讴歌青年人在暴虐的大自然面前所显示的不屈意志,勇于献身的英雄主义精神,为知青题材小说注入了一股阳刚之气,开创了一种雄浑之风。在雄奇、阔大的背景上,在险象丛生的环境中塑造粗犷、悍勇、刚烈的人物形象,谱写了英勇悲壮的人生交响。

在我记忆深处印象最深的是小说《这是一片神奇的土地》。小说集中描写了屯垦"满盖荒原"的男女知青——李晓燕、王志刚、"我"及妹妹梁珊珊壮烈的行动，丰富的情感，美好而辛酸的爱情，以及因爱情而引起的同性间的纠葛。

小说描写了一个同心合力、目标一致的垦荒集体，着力揭示的是这一垦荒集体在非常年代跟暴虐的大自然的冲突、奋勇抗争及人与兽的搏斗，从而使李晓燕、王志刚等人从身躯到灵魂都闪耀出英雄主义的光辉，使小说成为对奋斗一代知青的诚挚颂歌，谱写了一首壮美的青春之歌。

30 年过去了，书中的一段描写，让我至今记忆犹新。上海来的女知青，因长的皮肤白皙、秀气，怕人家说像资产阶级小姐，在烈日炎炎下不戴草帽，特意把皮肤晒黑。因为越黑越革命，越白越像资产阶级。以皮肤的黑白颜色来划分阶级，那么黑人生下来就不是资产阶级了，照此推理，无一人幸免成为批斗的对象。现在想想多么荒谬，多么可笑！

联想到我的中学时代，一样的荒谬，一样的可笑。

那个年代，我们穿的一律是黄军装、蓝布衣，有很多同学衣服上还打着补丁。生活困难是一个方面，同时也成为一种"时尚和光荣"，没人笑话，因为越穷越革命。

我是个爱美的女孩。有一次穿了妈妈做的半袖枣红上衣，美滋滋来到学校，被"革命"的金老师从座位上叫了起来，批评我是资产阶级小姐作风，让我大惑不解、义愤填膺。穿了一件红衣服就是资产阶级小姐作风，那么穿其他颜色衣服都是无产阶级了？以貌取人尚且不可取，以着装来划分姓"社"姓"资"，更是荒唐至极了。

改革开放后的三十多年，观念与生活发生了翻天覆地的变化。不仅言论自由，而且行为也有了自由空间，人们的着装打扮更是千姿百态。你想穿什么就穿什么，想吃什么就吃什么，你想写什么就写什么，只要你不反党、不违法。一切束缚都打开了，一切禁锢都解除了。只要你有梦想，你可以自由飞翔。海阔凭鱼跃，天高任鸟飞。世界提供了广阔的舞台。只要你有能力，有抱负，你可以尽情展示你的才华，发挥你的潜能，去追求，去奋斗。改革开放后的时代，是梦想成真的时代，是天高任鸟飞的时代。正如庄子在《逍遥游》中所言：

大鹏一日同风起，扶摇直上九万里。

（此文发表于中国作家网）

喜乐与爱是良药

兰　溪

越来越激烈的竞争，错综复杂的人际关系，使我和大多数上班族一样，压力越来越大，常常感到郁闷、压抑。长此以往，人在紧张压抑的环境中生存，身心的疲惫自不必说。

“活得真累。”“没意思。”我常常听到这样的叹息，看到一张张忧愁的苦脸。在科技进步、物质极大丰富的今天，为什么很多人在得与失之间茫然，感到一切都是虚妄的？房子越来越大，心灵的空间却越来越狭小；收入越来越高，心却越来越烦恼；车速越来越快，属于自己的时间越来越少；生活越来越富，精神越来越穷；朋友越来越多，真爱越来越少。

拜金主义、官本位、信仰缺失，使得人们越来越现实，也越来越空虚。污染的环境，有毒的食品，给人们的身心健康造成极大的伤害。因为缺少爱，人与人之间的感情越来越淡薄、冷漠。减压、舒缓紧张的情绪，成为生命的必要。

如何减压，把握自己，在夹缝中不迷失方向，和谐身心，和谐社会，使自己拥有一份好心情、一个好身体，服务家庭，贡献社会，这几乎是摆在每个人面前的首要问题。

为了减轻压力，排解郁闷，我不断寻找良策。多年来，我在彷徨、郁闷中上下求索，百思不得其解。终于云开月朗，阳光洒满心房。我找到了轻松减压的好方法。

当我感到烦恼和疲惫时，我就在心中自我暗示并宣告：我是健康的，喜乐的，充满复原能力的;我是美丽的,尊贵的,充满力量的。即使多说几遍,也不到5分钟。这种看似简单的方法,却使我受益匪浅。每当我在心中自我暗示并宣告后,就立刻振奋起来,软弱变刚强,忧愁变喜乐,精神抖擞,心灵快乐。

这种方法,不受时间和空间的限制,不受环境、地点的局限,无论在哪里,不管什么时间,只要你心情不好或身体不适,你马上就可以实施这种办法,在不影响他人的情况下,达到自我激励的目的。

“喜乐的心是良药,忧郁的灵使骨髓干涸。”有什么比心欢喜、灵快乐更重要呢?我们度过的年岁好像一声叹息,强壮也不过七八十岁,其中所矜夸的不过是劳苦愁烦,转眼成空,便如飞而去。与其悲悲切切,不如快快乐乐,内心的感受比什么都重要,名利皆身外之物。心灵的快乐、平安、宁静才是最大的快乐,最宝贵的财富。内在平安的人,不管环境如何改变,无论世事如何变迁,精神世界灿烂而澄明,执着追求真善美。不求大富大贵,不求美艳虚浮,只求拥有一份优雅、宁静、怡然,一种温婉、安适、超然,不为世俗所左右。平静与朴素,从容与慈爱,悲悯与抚慰,成为生命的状态;手势、声音、眼神和表情,成为从内心弥漫开的生命运动、生命体验、精神素质。宠辱不惊,淡泊名利,笑看人生一切得失,追求内心的平衡与圣洁,体验世界的丰富、灵魂的超越和自由,心中永远是春天,永远阳光灿烂。

心旷神怡百病消。欢乐的眼睛到处看见光明,忧郁的眼睛到处看见黑暗。可见自我暗示,保持喜乐的心情是多么重要。

然而,很多人做不到以喜乐的心度过生命中的每一天,大部分人被愁苦所缠累。

喜乐是一种力量,一种战胜自我的力量,一种超然于物我的境界。不以物喜,不以己悲,面对一切泰然自若。

心甜美,心喜乐,身体才能健康;心忧愁,心烦恼,整天健身也不会健康。正如好的种子才能结出丰硕的果子一样。根深才能叶茂,源远才能流长。

因为喜乐,才有健康;因为感恩,才有快乐与知足;因为给予,生命才有价值和意义。存在就是喜乐,生存就是幸福。

快乐地给予,是爱的使者。只有喜乐和爱才能消除这个世界的贫困和病痛,才能有真正的和谐，有爱才能有一切。在人类的一切悲哀中，除了爱，再没有东西能给予安慰。没有爱，斯世莫如一片荒漠。

爱是太阳，驱散黑暗，送来光明；爱是神奇，创造难以想象的奇迹；爱是灵丹妙药，医治精神上的创伤。

一个人的内心如果不被爱占领，其他欲望就会捷足先登，而且永不满足，永无止境。每个人心中都有一个黑洞，似乎没有任何东西能填满，除了爱。

有了爱，心中不再长皱纹，心灵成为活水的泉源，流淌不息。一个人脸上的皱纹可以通过美容适当得到缓解、减少，但心灵的皱纹一旦形成，它便堆积在你的心里，不但使你的脸变得丑陋，显出你的沧桑，而且腐蚀你的心灵，影响身体健康。心灵的苦涩和沧桑是抹不掉的记忆。若想青春常在、轻松快乐，必须保证你的心灵不被污染，不被虚荣、金钱所迷惑，不被罪恶所诱惑。所以，守护你的心要胜过守护一切，因为一生的果效是由心发出的。

一个心中充满挚爱的人，从里到外散发着生命的馨香。没有苦毒、嫉恨、纷争，不会在得与失之间徘徊，患得患失。无论走到哪里，无论经历多少风雨、沧桑，都能超脱。把爱的芬芳带进每个人心房，给人温暖，给人力量。心里的光始终亮着，点燃自己，也照亮别人。成为别人的祝福。爱那不可爱的，用自己的好行为去影响周围、社会。

喜乐和爱是光，点燃自己，照亮周围，使平淡的生活辉煌；喜乐和爱如歌，影响他人，使愁烦的人快乐增加；喜乐和爱是花，吐露馨香，陶冶情操，帮助别人刚强欢欣；喜乐和爱如仗，沐雨经霜，坚定沉着，让弱者能够依凭。

（此文为中国散文学会主编的《轻松减压五分钟》一书而作）

酿得甜蜜满人间

兰　溪

花的天使从天堂而来，衔着燕子的呢喃，翩翩飘进春的世界，报春花开了，所有的花都笑了。蜜蜂开始了忙碌的工作，不停地劳作、歌唱，即使在伤口之处也能采粉酿蜜，把甜蜜带给人间，它是播撒幸福的天使。

很多人喜欢蜂蜜，因为蜂蜜对人的健康百利而无一害，因而成为人们钟爱的补品、佳品，尤其是假冒伪劣补品充斥市场的今天，人们对天然补品蜂蜜更加情有独钟。

然而，大多数人对蜜蜂寿命的短暂、工作的辛劳程度知之甚少。工蜂至多只活六个月，蜂王最多活三年。六个月、三年在历史的长河中可以忽略不计，即使与人类七八十年的寿命相比，也不过是一瞬间。在短暂的生命中，蜜蜂们不辞辛苦、不计得失、夜以继日忙个不停。正像著名作家杨朔对蜜蜂赞美的那样："多可爱的小生灵啊！对人无所求，给人的却是极好的东西，不是为自己，而是为人类酿造最甜的生活。蜜蜂是渺小的，却又多么高尚啊！"

是的，蜜蜂整天忙碌，吃得很少，一点点糖就够它们吃的了，却酿出大批的蜂蜜，奉献给人类。留给自己的是劳累，带给人们的是甜蜜。它们是播撒幸福的天使，爱的使者，给人类送来健康与美丽。蜜蜂的勤劳无私奉献精神，不正像那些默默耕耘的普通工人、农民等劳动人民吗？不更像那些在创作道路上辛勤劳作，不迎合媚俗、世俗，弘扬真善美，鞭挞假丑恶，正直而有人格的作家吗？

路遥，为了集中精力创作《平凡的世界》，把自己关在一个简陋的平房里，过着清苦的生活。几年的创作，耗尽了他的心血。当这部巨著问世时，作家却离开了人间，走完了他四十几年短暂的人生旅途。

长篇小说《天路历程》的作者班扬，是英国一个普通的牧师。他在监狱里，完成了这部影响深远、享誉全球的巨著。为了服侍软弱无助的人，一天他冒着大雨去一个偏僻的地方，患了伤风，不幸逝世。

还有我们熟悉的焦裕禄、雷锋等，都是默默无私地奉献。虽然他们的生命是短暂的，但精神价值芳香永存。

他们就像蜜蜂一样，默默酿造爱，传递爱，不计个人的得失，不求功名利禄。驱散黑暗，送来光明，为人们带来精神佳品，医治人们精神上的伤痛，像蜜蜂一样酿得甜蜜满人间。

正如诗人里尔克在提到作家的使命时说："我赞美，我赞美。不管遇到光明还是黑暗，作家的使命是赞美。因为作家是采撷大地上不可见事物之蜜的蜜蜂，应该把人类的痛苦和欢欣采来酿造成蜜，供人啜饮品尝，使人们的心灵得到滋润饱足。"

赞美，是对天地的感恩。感谢福雨丰沛降下，浇灌大地庄稼；感谢大地母亲出产丰富，提供我们日用的饮食。赞美是对博爱的弘扬，美德的提倡，文明的传承，真善美的讴歌。

雨果、巴尔扎克、周立波等，他们都是为劳动人民讴歌的大作家，人类灵魂的工程师。

我愿做一只小蜜蜂，用我手中的笔，为人类精神家园的建设默默奉献，辛勤耕耘，写出更多净化心灵，提升精神境界的好作品，酿造纯美、甜蜜的心灵蜂蜜，滋养心灵，播撒爱的种子与光明，酿得甜蜜满人间。

（此文荣获全国"蜂蜜杯"散文大赛优秀奖）

真爱永恒

——品读《简·爱》的魅力

兰 溪

休息日，慵懒地躺在沙发上，沐浴在暖暖的阳光下，沏上一杯浓浓的咖啡，嗅着淡淡的花香，重又品读《简·爱》的魅力，与简·爱一起走进桑菲尔德庄园，走进她的精神世界，为她流泪，被她震撼。

简·爱自幼父母双亡，寄住在舅妈家，受尽舅妈的虐待，表哥的欺侮。然而，她没有绝望，相反，却塑造出坚强不屈的精神和人格力量。

18 岁的简·爱，带着对自由的渴望应聘到桑菲尔德庄园担任家庭教师，开始了新的生活。庄园主罗切斯特被简·爱的善良、勇敢、宽恕、单纯、坦率所吸引，简·爱也喜欢上了平等、随和的绅士，两颗深爱的心在经过小心翼翼反复考验后碰触出绚丽的火花。可有人证明罗切斯特已有妻子——疯女人。简·爱痛苦而理智地离开奔向旷野，在昏迷中被一个牧师救起。一场大火，罗切斯特为救疯女人变成残疾，简·爱义无反顾回到他身边……

一个相貌平平、身材矮小的女人，以非凡的气质吸引着每一个人。《简·爱》似一缕亮丽的晨曦，不仅灿烂了 19 世纪英国文学的天空，而且以其独特的魅力，穿越时空，一百六十多年来，温润每一位读者的心田。其经久不衰的魅力除了故事的起伏跌宕、引人入胜外，我想其根本原因是其中所蕴藏的精神价值。

在文学史上，许多经典名著万古流芳，但能像《简·爱》这样深深地进入人们的灵魂，以一种不可抗拒的美感吸引了成千上万的读者，影响着人们的精神世界，甚至影响一生的作品并不多。

《简·爱》所展现给我们的是一种返璞归真，是一种永恒的真爱，是一种追求全心付出不计得失的感情，很少会有人像简·爱这样，为爱情为人格抛弃所有。简·爱对纯洁感情执着的追求永远震撼人的灵魂。

如今的社会，物欲横流，金钱至上，爱情的天平也因放上了过重的砝码而倾斜。真爱稀缺，真爱难寻，使人们对其貌不扬却勇敢坚强、执着的简·爱更加钦佩。

从大学到如今的岁月，简·爱的点点滴滴一直伴随我，犹如清澈的溪水，净化我的灵魂，纯洁我的观念，使我心灵的天空更加高远辽阔！

（此文发表于大型刊物《主流》）

2012年2月5日是中国银行成立100周年纪念日，谨以此文献给中国银行百年华诞

百年中行赋

兰 溪

天风浩浩，沧海茫茫。悠悠百年，巍巍中行。百年荡雄风，千秋写华章。雷吼风啸，千锤百炼。百年中行，百年辉煌！

遥想世纪之初，峥嵘而拔群兮。一九一一，风雷激荡，辛亥枪声，威震九江。辛亥风云起，大业应运生，受命危难时，中行始诞生。孙文手书，号中国；天下为先，担在肩。昌国运，担大梁，为民心，比金坚。英才辈出，名扬千秋。在磨难中成长，在风雨中茁壮；历经惊涛骇浪，笑看沧海桑田；路漫漫勇力潮头，风浩浩直挂云帆。

百年中行，犹如涓涓细流，沁润民族之魂；恰是汩汩春水，融化坚冰；亦如滚滚江河，冲垮金融壁垒，助我国威浩浩，国势汤汤！百年沧桑过往，百年不屈不挠，百年利国利民。“纵有千古，横有八荒，前途似海，来日方长。”壮哉，我百年中行！

奋发图强，气吞三江，为国兴邦，济世苍苍。改革开放，景运大昌。国际显身手，上市谱新章。百年奥运合作，美誉全球飞扬。厚重不失创新，广博不吝专注，庞大不缺智慧！全球最具影响，诚信为本，振兴民族金融。百载峥嵘坎坷，记录荣辱辉煌；百年艰苦创业，砥砺追求梦想。选择中国银行，实现心中理想。稳健经营，追求卓越，百年中行，百年荣耀！

机构遍布全球，携手世界五百强；与时俱进，风雨兼程；专营国际贸易；再拓融资新径；长城电子货币，发行港币澳元，应对经济危机，确保金融稳定。

只争朝夕，追求卓越；争创一流，领航同业；客户至上，力争国际一流；创新发展，多业并举；和谐文化，跨境发展；当任领导，高屋建瓴；科学发展，创先争优。百年中行，百年辉煌！

打开历史天窗，眺望岁月肩膀，百年中行，走过风雨苍茫；百年辉煌，楚辞离骚惊叹！惊涛拍浪，涌起起伏跌宕。建筑群中华光溢彩，神宇飞扬。滔滔大江，冲刷苍凉悲壮？历经股改痛伤，谱写神州绝唱！冲天腾飞，叱咤时代风云；威风凛凛，舞动神州雄风。中行，深深爱恋，爱你厚重庄严；爱你活力阳光。中行，无比自豪，创造历史辉煌，尽显民族尊严！拼搏精神，充满希望！雄厚实力，稳健经营，尊贵服务，建设一流银行，彰显大气豪迈！

今日中行，英姿飒爽，再谱华章。云帆直挂，踵事增华。波澜壮阔，云水翻腾。壮哉，中行，乘新世纪东风，一路翱翔，奏时代新曲，云天震响。祈愿福祉永葆，祝福盛世中行，岁岁嘉祥，地久天长。百年中行，盛世空前，历百载，多少英雄豪杰。蓝图再启，刷新纪元。莫等闲，磅礴志，步向前。齐携手，共谱盛世篇，一万年。继往开来，乘风破浪，嘉来日之未央。

（此文荣获“全国文学大赛一等奖”）

感受国际巨星郎朗钢琴音乐会的魅力

兰 溪

2011 年岁首的一个夜晚，呼啸的北风丝毫未减少音乐爱好者对郎朗音乐会的热情，我也长途跋涉驱车来到音乐会现场。

在大连海事大学体育馆，四千多个座位座无虚席。“国际巨星郎朗钢琴音乐会”盛况空前。虽然音乐会票价高达 2880 元，创下大连史上历次音乐会之最，但音乐爱好者趋之若鹜。我在主席台前排的位置，近距离观摩了郎朗的钢琴演奏，感受了“郎朗旋风”的独特魅力，真是大饱眼福、耳福，如醉如痴，热血沸腾。

帅气英俊的郎朗，举手投足都是流淌的音乐。从头到脚，从里到外，每个动作、每个细胞都是音符；每个表情、每个音符都是一个美丽的故事。《彩云追月》、《平湖秋月》，抒情唯美，把人们带到浪漫、荣美的桃园；钢琴协奏曲《黄河》、贝多芬的《热情》，雄壮豪迈，如同奔涌的黄河一泻千里，激情澎湃，把人们带到壶口瀑布，带到烽火连天的抗日战争。

他的演奏不是弹出来的，而是从心底流淌出来的，因此格外动人，具有迷人的魅力。

他时而手里拿着橘子，时而手里拿着苹果，用这些小道具，弹奏出优美活泼的乐曲，时而调动全场，跟着他的音乐一同步入音乐王国的殿堂。不愧为世界的郎朗，华人的骄傲，我的血液、细胞似乎也随着郎朗的演奏，一起在音乐的海洋中起舞欢歌，感受到一种音乐的精神力量，音乐饕餮的无穷魅力。

一个真正的艺术家是用心灵来弹奏、书写乐章的。一部作品、一篇乐章就是一个艺术家的灵魂。贝多芬的作品，无论是《命运》还是《英雄》，都是音乐巨匠贝多芬不屈灵魂的写照，人们从中感受到他不向命运低头，奋力挣扎与反抗的英雄主义精神。而凄美苍凉的《悲怆》，唯属柴可夫斯基独创，让我们感受到人类难以摆脱的绝望与忧伤。那是他们内在生命真实的流露，是血与泪的凝结，是对灵魂与命运的痛苦思索与叩问。只有从灵魂深处发出的呐喊，才具有经久不衰的魅力，并流传千古。

跋

——回归伊甸园　兰溪

我的第四部文集《回归伊甸园》即将出版发行，仿佛期待已久的婴儿、一个鲜活的新生命即将诞生，心情百感交集。怀着感恩的心，我把她奉献给喜爱我作品的各位朋友。这部书我改了多遍，不仅是我用心血写出来的，也是我用脚走出来的。在不到一年内，我去了以色列、澳大利亚、新西兰三个国家。这部书由此而诞生。

一

2008 年 10 月，我向妈妈请假："国庆节不回家了，我要出国。"妈妈问："你去哪儿？""去欧洲。"我是从不对妈妈说谎的。为了不让妈妈担心上火，这次没敢实话实说。在全球人心中，中东是个危险是非之地，让人望而生畏。

然而不管别人如何说，我对中东的热情丝毫未减。那些充满神秘气息的故事、精美富有情调的赞美诗，令人浮想联翩；摩西、大卫、耶稣，披上了一层神秘、扑朔迷离的面纱；约旦河、哭墙、耶路撒冷，就像一部经典大片等着我去观看，也像一部部经久不衰的奇书等待我去阅读，又像一个神奇莫测的迷宫，魅力无穷，等待我走进去，探寻个究竟，更像磁石吸引我的心，仿佛那里埋藏了黄金珠宝般，我是一个淘金者，不，比淘金对我更有吸引力。

中国人是不到黄河心不死，我是不到耶路撒冷心不甘。神秘、神奇，吸引我去揭开层层面纱，不再雾里看花。

犹太人之谜、耶路撒冷之谜，令我心驰神往。

于是，带着多年的期盼，多年的向往，多年的疑惑，我踏上了飞往圣城的旅途。

百闻不如一见，读万卷书不如行万里路。到了耶路撒冷，我对许多困惑的问题茅塞顿开，对犹太人、阿拉伯人有了感性、清晰的认识。原来许多理性的认识得到了感性的检验。“实践是检验真理的唯一标准。”耳听为虚，眼见为实，不入虎穴焉得虎子。本书真实地记录了以色列之行的所见所感。

以色列地区，锥子形的弹丸之地，从古至今，上演了一幕幕触目惊心、刀光剑影的悲剧：摩西率领犹太人浩浩荡荡出埃及、过红海；耶路撒冷圣城 18 次被摧毁，又一次一次被重建；十字军东征，血流成河；三次中东战争，硝烟弥漫……一个弹丸之地，却多灾多难、大悲大喜，令人费解，吸引全世界的目光向它注目。

犹太民族，像谜一样，神秘莫测。一个智慧超群又多灾多难的民族。

犹太民族的确有些特殊：周围的国家几乎皆信伊斯兰教，他们信犹太教；周边国家人的肤色大多是棕色，犹太人却是偏白色，白里透红；周边国家大多保守、自闭，犹太人却开明、智慧，思想前卫；周边国家大多封闭、落后，犹太人却富有、先进；邻国大多说阿拉伯语，犹太人说英语和希伯来语……

耶路撒冷，充满惊险、传奇，让人向往、探寻、留恋又畏惧。一个不可思议之地。多想靠近你，却又胆战心惊；多想深情投入你的怀抱，又因你的战火不断而心有余悸。就这样矛盾，爱你又怕见到你，就像一个怀春的少女，渴望见到心上人，见到了又不好意思看，心中忐忑不安，激动的心微微发颤。正是带着这样复杂的心情，我踏上了中东的土地。

回来不久我又飞到了南半球，12 天的旅行，我像小鸟一样在澳大利亚、新西兰的美丽土地上，飞来飞去，伊甸园般的纯净、清新使我流连忘返。澳洲与中东地区的感受完全不同。从紧张到放松，从狭小到寥廓，从荒漠到绿洲，反差极大。但却有一个共同的地方，就是环保意识一流。空气好，自然风光好，吃的是绿色食品，喝的是放心水。我能切实感受到他们对伊甸园的寻找，对回归的渴望，对家园的爱护。